من یک زنم

(نمایشنامه در سه پرده)

من یک زنم

(نمایشنامه در سه پرده)

نویسنده:

عطا ثروتی

من یک زنم

(نمایشنامه در سه پرده)

عطا ثروتی

صفحه‌آرایی و اجرا: V.M.P

طرح جلد: سارا هرلی

شابک: ۱-۷-۱۷۳۵۸۱۶۳-۹۷۸

نوبت چاپ : اول ۱۴۰۳

شماره ی ثبت در آمریکا: ۱-۷-۱۷۳۵۸۱۶۳-۹۷۸

حق نشر در آمریکا: ۱-۱۴۹۱۹۰۳۰۶۷۵

این نمایشنامه به اصرار هنرمند عزیز، داریوش ایران‌نژاد، عملی شد و بالاخره برای رضایت او چهار روز از وقتم صرف نگارش این نمایشنامه شد. البته برای شوخی بیشتر با چند دوست هنرمندمان، شخصیت‌های نمایشنامه را با بهره‌گیری و در هم‌آمیختن زندگی واقعی، گفتار و کردار برخی از این هنرمندان خلق کردم. تمام آنچه در این نمایشنامه می‌خوانید واقعی است. خصوصاً قصهٔ «ایران».

عطا ثروتی

شخصیت ها

نویسنده	۸۰ ساله
آوازه‌خوان	۵۵ ساله
ایران	۴۵ ساله
کارگردان	۷۵ ساله
صدای دختربچه	۱۰-۱۶ ساله
صدای پیرمرد	۸۰ ساله
صدای	خدا
صدای	پیتر بروک

پرده اول

صدای کم نی سوزناکی بلند می‌شود. در سمت راست صحنه، نور روی چهره‌ی کارگردان پیر و افسرده حالی می‌تابد و او صحبت آغاز می‌کند. بقیه صحنه تاریک است. با ادامه‌ی صحبت کارگردان نور در یک زمان از روی او کم و کمتر شده و در سمت چپ صحنه کم‌کم بر چهره پیر و فرسوده نویسنده که پشت میز کهنه‌ای نشسته و به کامپیوتر لپ‌تاب کهنه‌اش خیره شده و مشغول تایپ کردن است، زنده می‌شود.

کارگردان: من کارگردان سینما هستم... حدود ۱۴ فیلم ساخته‌ام... به‌جز یکی دوتا بقیه را هم خودم نوشته‌ام. البته بعد از اینکه در جنگ ایران و عراق رهبریِ یک تیم رو داشتم به فیلم‌سازی روی آوردم. من در سراسر دنیا، آمریکا، یوگسلاوی، کوبا، ایتالیا، انگلستان و البته ایران فیلم گرفته‌ام. جایزه‌های زیادی هم

گرفته‌ام. اما چه افسوس که هنوز آن فیلمی را که دلم می‌خواست بسازم را نگذاشتند بسازم. قصه‌ی «ایرباس» رو می‌گم که آمریکایی‌ها زدند و ۲۵۰ نفر و زنده زنده سوزوندند.

با اتمام صحبت کارگردان نور و صدای نی کامل روی کارگردان می‌میرد و او پشت صحنه ناپدید می‌شود. همزمان نور در آن‌طرف صحنه روی نویسنده کامل شده و صدای او در حالی که هنوز مشغول تایپ کردن است جانشین صدای کارگردان می‌شود. با مردن صدای نی، صدای آهنگ و آواز «ای خطه‌ی ایران» بلند می‌شود. روی میز و اطراف کامپیوتر پر از کاغذ و کتاب است. کتابخانه‌ای پر از کتاب در انتهای صحنه قرار دارد. دو صندلی و میز نهارخوری کوچک مندرسی هم وسط صحنه دیده می‌شود که روی آن پر از کاغذ و کتاب است. شاخه گل رز پژمرده داخل لیوانی بلورین وسط میز نهارخوری دیده می‌شود. دیوارها با عکس‌های قدیمی از کار تأتر و سینمای نویسنده در دوران جوانی و میانسالی و پیری‌اش پوشیده شده است. بین عکس‌ها آینه‌ای نصب است که گوشه‌ی آن زنگ زده است. یک شمشیر کهنه هم بالای آینه نصب است. در وسط و انتهای صحنه نقشه‌ی بزرگی از ایران که از زن‌های سفیدپوش درست شده است نصب است.

صدای نویسنده: من یک نویسنده بودم یعنی هنوز هم هستم. البته اول از بازیگری شروع کردم... بازیگر تأتر و سینما... و خوشحالم که در شکوفاترین دوران تاریخ تأتر ایران بیست‌وچهارتا نمایشنامه بازی کردم. البته چندین فیلم سینمایی هم بازی کردم. ولی چه افسوس که آن دوران طلایی یک‌باره ناپدید شد و از فعالیت بسیاری از هنرمندان از جمله من جلوگیری شد و با دلی پر از غم مجبور به مهاجرت از خطه‌ی میهن کرد... البته یکی از آن گمراهان که باعث همه این بدبختی‌ها شد خود من احمقم بودم.

صدای خواننده:

ای خطه‌ی ایران مهین ای وطن من
ای گشته به مهر تو اجیر جان و تن من
دور از تو گل و لاله و سرو و سمنم نیست
ای باغ و گل و لاله و سرو و سمن من

نویسنده تایپ را قطع کرده، چندی سکوت می‌کند و به‌فکر می‌رود. انگار چیزی به ذهنش نمی‌آید که بنویسد. مثنوی مولانا را از روی میز برداشته و کمی به آن نگاه کرده و آن را در قسمت دیگری از میز می‌گذارد. بعد نگاهش از روی مثنوی مولانا به‌طرف عکس‌های روی دیوار سفر می‌کند. از جایش بلند شده و در حالی

که با آهنگ «ای خطه‌ی ایران» زمزمه سر می‌دهد. به‌طرف عکس‌هایی که روی دیوار نصب شده می‌رود. تمام درد دوری از وطنش را در چهره‌ی پیر و خسته‌ی او حس می‌کنیم مشخص است که بسیار احساس تنهایی کرده و رنجش می‌دهد. نگاه نویسنده در سفرش از روی عکس‌ها به‌طرف چهاردیواری اتاقش ادامه پیدا می‌کند. صدای آهنگ «ای خطه‌ی ایران» حالا بسیار کم شنیده شده و با بلند شدن صدای نویسنده کاملاً می‌میرد.

نویسنده: دیوار... دیوار... دیوار... همه‌جا دیوار... شما هم که اهل صحبت نیستید... لال شدید... یک هائی و یک هوئی، صدائی، هیچی!؟

از غم تنهایی و روی دلتنگی و دوری از ایران یکی از شعرهای خودش را زیر لب زمزمه می‌کند.

نویسنده: ما همه ایرانی‌ها، گرد و غبار گرفته‌ایم
توی این شهر شلوغ، زندونی خود شده‌ایم
ما همه دیگه، با هم غریبه‌ایم
همگی مترسک این خانه‌ایم
توی این شهر شلوغ   همگی اسیر شدیم
توی این دنیای عور   بنده و حقیر شدیم
بیا تا کاری کنیم

هم‌صدا فریادی کنیم
که ماها مسافریم
دیر و زود باید بریم

نگاهش در سفر دور اتاقش روی نقشه‌ی ایران می‌افتد.

نویسنده: یک روز دیگه هم آمد که تلف بشه... و ما هنوز با غم هجرت تو دست به گریبانیم.

نگاهش به سفرش روی عکس‌هایی از دوره جوانی‌اش و از فیلم و نمایشنامه‌هایی که بازی کرده بود و روی دیوار نصب شده ادامه دارد و با آنها گفتگو آغاز می‌کند.

نویسنده: انگار دیروز بود که تو رو نوشتم و اجرا کردم... دیروز جوان بودی و امروز پیر شدی... آن بودی و این شدی... (به عکس بعدی نگاه می‌کند) کی بودی و کی شدی... پیدا بودی و گم شدی... هست بودی و نیست شدی... (توی آینه که کنار عکس نصب شد خیره می‌شود). نمی‌دونستی کی بودی و حالا کی شدی... شوخی شوخی یه روزی آدم بودی و حالا هیچ شدی... راستی راستی نکنه... خل شدی... به من این‌جوری نگاه نکن... من یک روزی برای خودم آدمی بودم... صدام می‌کردند استاد.

صدای پیرمردی شنیده می‌شود که جواب او را می‌دهد.

صـــدای پیرمـــرد: بـازی بـا الفـاظ بـرای فریـب و گـول زدن و ارضـای شـخصیت جعلـی.

نویسـنده بـا تعجـب بـرای یافتـن صاحـب صـدا اطـراف را جسـتجو می‌کنـد. امـا هیچ‌کسـی را نمی‌بینـد. بـا احتیـاط و در حالـی کـه هنـوز در جسـتجوی صـدا اسـت کلامـش را ادامـه می‌دهـد کـه شـاید صاحـب صـدا خـودش را نشـان بدهـد.

نویسنده: شهرت داشتم...

صدای پیرمرد: فرضی بودند.

نویسنده: ثروت زیادی داشتم؛ یازده تا خانه.

صدای پیرمرد: قرضی بودند.

تعجـب نویسـنده بیشـتر شـده و کم‌کـم بـه شـوخی و بـازی تبدیـل می‌شـود و بـا احتیـاط بـازی و شـوخی را در حالـی کـه هنوز نگاهـش در اطـراف و تـوی هـوا در جسـتجوی صاحـب صـدا اسـت ادامـه می‌دهـد.

نویسنده: قوی بودم، قهرمان شنا... فوتبال...

صدای پیرمرد: موقتی بودند.

نویسنده: موقتی؟

صدای پیرمرد: آره... برای امتحان تو.

ذوق شوخی نویسنده بیشتر می‌شود.

نویسنده: امتحان؟ چند بار هم نزدیک بود رفوزه بشم... مدرسه، بهترین دوران زندگی هر جوان... اما من خیلی بازی‌گوش بودم... از مدرسه بدم می‌آمد! چقدر خر بودم...؟

صدای پیرمرد: تأسف خوردن؟ نشانه‌ی ضعف نفس...؟

نویسنده به‌فکر می‌افتد و لبخندش کم‌کم از بین رفته و دوباره توی آینه به خودش خیره شده و جدی می‌شود.

نویسنده: اما حالا چی؟ چشمت رو بستی و وقتی باز کردی دیدی پیر شدی... خر نشی و دوباره ببندیش... از کجا که اگر دوباره بازش کنی نبینی که... یکدفعه تلف شدی... مردی... هری.

چشمش به عکسی از یکی از نمایشنامه‌هایش می‌افتد که از او و ایران است و اندازه‌اش دو برابر عکس‌های دیگر است به آن خیره شده و می‌رود توی فکر.

نویسنده: آره...ای دل... فارغ بودی و اسیر شدی... ساکت و لال شدی نکنه راستی راستی خل شدی...؟ شاید هم دیگه پیر شدی و هوش و حواست و از دست دادی و خنگ شدی...؟ آره پیر و خنگ شدی... حالا باید همه چیز و یادداشت کنی که یک‌دفعه از خاطرت نره.

نویسنده می‌رود و پشت میزش می‌نشیند که تایپ کند.

صدای پیرمرد: آخه چی یادت نره خل باشی...؟

نویسنده: خل باشی؟ باشی دیگه کیه... برو دنبال کارت... (با خودش حرف می‌زند). شایدم خل باشی که جواب اون و می‌دی... خوب خل باشی برو به‌کارت برس... (مشغول تایپ کردن می‌شود). اسم من خره... اصلا من خود... خرم.

صدای پیرمرد: خر؟ خر مقام مقدسی دارد... آزارش به هیچ‌کس نمی‌رسه... به همه کمک می‌کنه... تنها توقعش هم اینه که شکمش و سیر کنی... اما

تـوی بـه اصطـلاح آدم... چقـدر حـرص داری...؟ طمـع و کـه ولـش کـن... بـه انـدازه‌ی یـک عمـر... داری.

نویســنده: آخـه اینبـار چـی داری هـی بلغـور می‌کنـی پیرمـرد... حـرص و کـه ولـش کـن... هـری... امـا طمـع یـک روزی داشـتم... وقتـی کـه جـوان بـودم... اول یـک تـوپ فوتبـال چرمـی می‌خواسـتم، بعدشـم همینجـور کـه گنده‌تـر شـدم طمعـم هـم بیشـتر و گنده‌تـر شـد... آخـه دسـت خـودم کـه نبـود... توپـه بـرام کهنـه شـد و دوچرخـه جاشـو گرفـت... بعدشـم دوچرخـه دِمُـده شـده و موتـور جانشـینش شـد... و البتـه کـه بعدشـم ماشـین بـود و خانـه... امـا فقـط یـک خانـه می‌خواسـتم و یـک ماشـین و... و... چـی بگـم یـه خـرده دیگـه... خُردجـات... مثـل یکـی دوتـا خانـه‌ی دیگـه... آخـه مـن کـه آسـمان... خـراش نمی‌خواسـتم.... آخـه اینهـا طمـع می‌شـه پیرمـرد...؟ هـری.

به بازی ادامه می‌دهند.

صدای پیرمرد: نمی‌شه؟

نویســنده: به‌نظـر مـن کـه نمی‌شـه... البتـه... مثـلا یه‌خـرده شـهرتم بـد نبـود.

صـدای پیرمـرد: غـرور، جاه‌طلبـی... مـرض کـم بـودی و نداشـتن اعتمـاد بنفـس .

نویسـنده: خـدا را شـکر کـه دیگـه ایـن یکـی مریضـی را نـدارم... یـک وقتـی داشـتم امـا حـالا دیگـه خـودم هـم خـودم رو نمی‌شناسـم... امـا... امـا... بابـا بـرو دنبـال... کارت... بـزار بـه کارمـون برسـیم... مـن خـر و بگـو کـه هـی بـا تـو دهـن بـه دهـن می‌شـم.

شـروع بـه تایـپ کـردن می‌کنـد. در ایـن لحظـه صـدای دختربچـه‌ای جانشـین صـدای پیرمـرد می‌شـود.

صـدای دختربچـه: خیـال می‌کنـی بـا ادعـای خـر بـودن بـه ایـن راحتـی، می‌تونـی از زیـر ظلم‌هایـی کـه کـردی در بـری؟ تـو آینـه بـه خـودت نـگاه کـردی و از خـودت پرسـیدی تـو چقـدر بـه مـردم ظلـم کـردی؟ چه‌قـدر دروغ گفتـی؟ چقـدر زمین‌خـواری و دزدی کـردی...؟ نـه نمی‌تونـی.

بـا شـنیدن صـدای دختربچـه، خنـده از روی چهـره‌ی نویسـنده ناپدیـد شـده و چنـدی تـو هـوا به‌دنبـال صـدا خیـره شـده و کمـی عصبـی می‌شـود. انـگار شـنیدن صـدای دختربچه او را آزار می‌دهـد. بـه تایـپ کردنـش ادامـه می‌دهـد.

نویسنده: دوباره این دختره پیداش شد که حال ما رو به‌هم بزنه؟ هری.

در حالی که با خودش آنچه را که تایپ می‌کند زمزمه می‌کند، سعی دارد از شنیدن صدای دختربچه و بودن او چشم‌پوشی کرده و گفتگویش با پیرمرد را در حالی که به تایپ کردنش ادامه می‌دهد دنبال کند.

نویسنده: خوب خر بودن و ولش کن پیرمرد... هری... اصلا من شترم گاوم... پرنده‌ام... چرنده‌ام... بابا بیا و ما رو ول کن... هری (با خودش حرف می‌زند). آخه دیونه چرا دوباره با آنها دهن به دهن شدی... گوشت رو ببند که صداشون رو... نشنوی... و کارت و بکن... زمان و نباید از دست بدی... باید ثبتش... کنی... زمان.

صدای پیرمرد: مردنی است... هر لحظه می‌میرد و لحظه دیگر زنده می‌شود.

نویسنده: مکان... که در حرکت است.

صدای پیرمرد: ساکن است... ما هستیم که در حرکت هستیم... درست مثل لحظه‌ها که این لحظه که ما در آن زندگی می‌کنیم می‌میرد و لحظه دیگر

بـا مـا زنـده می‌شـود تـا بالاخـره لحظـه مـردن مـا هـم برسـد... قانـون طبیعـت.

صـدای بلنـد نویسـنده در حالـی کـه بـه تایـپ کردنـش ادامـه می‌دهـد، صـدای پیرمـرد را قطـع می‌کنـد.

نویسـنده: قانـون طبیعـت... کـه بـر لحظه‌هـا اسـتوار اسـت... همـه چیـز زنـده می‌شـود و زندگـی می‌کنـد و می‌میـرد... سـنگ‌ها تغیـر شـکل می‌دهنـد... آتـش می‌سـوزد و می‌میـرد... روز و شـب زنـده شـده و می‌میرنـد... و امـا... و امـا بشـر بی‌رحـم. می‌کُشـد کـه کُشـته نشـود.

صـدای دختربچـه: همانطـور کـه بـا دختـرت عمـل کـردی؟ کُشـتیش کـه خـودت زنـده بمونـی...؟

بـا شـنیدن صـدای دختربچـه، نویسـنده دوبـاره بـه یکبـار عصبـی شـده و از جایـش بلنـد و تـوی هـوا در جسـتجوی دختربچـه اسـت و خطـاب بـه او بـا عصبانیـت فریـاد می‌زنـد.

نویسـنده: منـو دیونـه کـردی... آخـه اگـر مـن نخواهـم بـا تـو حرف بزنـم چه‌کار بایـد بکنـم...؟ اگـر نخواهـم یـاد تـو بیفتـم چه‌کار بایـد بکنـم... تـو بـرای مـن مـردی... آره مـردی...؟ بـرو دنبـال کارت... هـری... هـری.

نویسنده به طرف تماشاچی‌ها اشاره می‌کند و ادامه می‌دهد.

نویسنده: نگاه کن این همه دیونه مثل من توی این پارک و سر آن استخر نشسته‌اند و دارند وقت‌شون رو تلف می‌کنند و تقریبا همه آنها مثل من آخر خطشون هستند... و منتظر مرگند... برو یقه‌ی یکی از آنها رو بگیر... برو... برو بچه... هری... هری.

نویسنده برگشته و به‌طرف کامپیوترش در حرکت است که با بلند شدن صدای زنگ تلفن همراهش، عصبانیتش از بین رفته و حالتش عادی می‌شود. ایستاده و در حالی که به تلفنش نگاه می‌کند آن را جواب می‌دهد. صدای «پیتر بروک» از توی گوشی شنیده می‌شود.

نویسنده: آقای پیتر بروک... کارگردان شهیر تأتر باید خواب زده شده باشند؟ مگر باز استاک فورد رفته بالا...؟

صدای پیتر بروک: چطوری؟ زنده‌ای... نگفتم فورد و بخر... استاکش دو دلار رفته بالا.

نویسنده: فورد هم رفت جزو اعدامی‌ها... هروقت ما می‌خریم زرتی میره پائین... تا ما می‌فروشیم فوری می‌ره بالا... فورد هم جزو اعدامی‌ها شد،

اصلا تو و ملاها و آیت‌الله‌ها و آخوندها و حاجی‌ها و فورد و همه و همه اعدامی هستید... صبر کن به قدرت برسم.

صدای پیتر بروک: تو اصلا آدم‌بشو نیستی... مثل آخوندها فقط بلدی اعدام کنی... درست بشو نیستی که نیستی.

نویسنده: حالا دیگه منو تو آدم بشو نیستیم.

صدای پیتر بروک: ببین... ببین... هرچی بهت می‌گم من و تو نیست، فقط توست، یاد... نمی‌گیری و به گوشتِ نمی‌ره که نمی‌ره.

نویسنده: اصلا من و تو و ما و آخوندها، آیت‌الله‌ها و حاجی‌ها و فورد... همه رفتند جزو اعدامی‌ها .

صدای پیتر بروک: نه‌خیر بابا، تو آدم بشو نیستی که نیستی... من تا بیام تو را آدم کنم خودم هم خر می‌شم... بهت می‌گم فورد رو بخر این و بخر آن و بخر نمی‌کنی، میری گند می‌زنی و می‌اندازی گردن من... اصلا استاک و ولش کن... از دوستت... چه خبر؟

نویسنده: کدام دوستت...؟ دوست هنرپیشه و آوازه‌خوان را می‌گی یا کارگردان بزرگ سینما رو...؟

صدای پیتر بروک: همون که هرروز می‌رید تو پارک جلوی آپارتمانت قدم می‌زنید و گل می‌گویید و گل می‌شنوید... آقای سر لورانس... دوست عزیزت.

نویسنده: حالا دیگه اون دوست من شد... ایشان همکار شما در تأتر و... سینما بود... حالا شد دوست من... اعدام، اعدامی هستی، این‌بار با پا اعدام می‌شی راستی یادم رفت قرار بود تو پارک ببینمش... الان عصبانی می‌شه... بدرود... بدرود.

تلفنش را قطع کرده آن را در جیبش گذاشته و خارج می‌شود. با مردن نور روی صحنه در آخر سالن / پارک نور روی آوازه‌خوان که در حال صحبت و قدم زدن از وسط جمعیت به‌طرف صحنه است زنده می‌شود. او لباس ورزشی به تن دارد و بشاش و شوخ‌طبع است.

آوازه‌خوان: من هنوز نفهمیده‌ام کی هستم و اینجا توی آمریکا چه‌کار می‌کنم و بالاخره به کجا قراره برم. گاهی می‌نویسم، گاهی هم بازیگری و کارگردانی می‌کنم... گاهی هم خوانندگی و گاهی هم

رانندگـی... به‌جـای گریـه و زاری دم بـه آواز می‌دهـم و می‌رقصـم و شـعر می‌گـم... آخـه اگـر قـراره مـن بـا گریـه زاری و غـم و غصـه خـوردن بـه بهشـت بـرم، مـن ترجیـح مـی‌دم بـه اون بهشـت دروغیـن و کذایـی کـه تـوی نماینـده کذایـی و دروغیـن خدایـی کـه بـرای سـودجویی خـودت بهـم وعـده مـی‌دی و خـودت بـه هیچ‌کـدام از آن عمـل نمی‌کنـی، نـرم و بـرم جهنـم... آخـه مگـر زوره اگـر مـن نخـوام بـه خـدای تـو کـه بـرای خـودش جهنمـی درسـت کـرده و می‌خواهـد بنده‌هـای خـودش رو تـوی آن بسـوزونه معتقـد باشـم؟ آره مـن نمی‌خـوام بـه نسـخه‌ی غـم و قصـه و گریـه و زاری، کـه تـو برایـم پیچیـدی تـن بدهـم و ترجیـح می‌دهـم بـه آواز خوانـدن، رقصیدنـم، خنـده شـادی، عشـق و محبـت ادامـه بدهـم... آخـه بـه تـو چـه ربطـی داره اگـر مـن بخـوام بـرم جهنـم... آخـه مـن هنـوز ایـن را نفهمیـده‌ام کـی شـماها را علـم و نماینـده خـدا کـرده؟ آخـه مگـر خـدا صغیـره کـه نماینـده بخواهـد؟ یـا اینکـه دادگاهـی شـده کـه وکیـل مدافـع بخواهـد؟

در همیـن موقـع دسـتی، دسـت آوازه‌خـوان را لمـس می‌کنـد. آوازه‌خـوان ایسـتاده و برگشـته و بـا دیـدن آقـای قمصـری روزنامه‌نـگار معـروف کـه دسـتش را گرفتـه صحبتـش را قطـع و بـا او وارد گفتگـو می‌شـود.

آوازه‌خوان: آقای قمصری! خیلی عوض شدی؟

آقـای قمصـری: آخـه مگـه آخـر و عاقبـت هنرمنـد و روزنامه‌نـگار تـو یک مملکـت غریـب غیـر از آوارگـی چیـز دیگـه‌ای هـم می‌شـه؟

خانـم قمصـری: آره کـه می‌شـه... خـوب خـودت و وصـل کـن بـه آخونـدا و رژیـم .آخونـدی نونـت تـو روغنـه... هـی هـم بـرو ایـران و برگـرد.

آقـای قمصـری: هرچـی بهـش می‌گـم خانـم مـا نوکـر ملـت هسـتیم نـه چاکـر آخونـد و آیـت‌الله.... حـرف بـه گوشـش نمـی‌ره کـه نمـی‌ره (خطـاب بـه آوازه‌خـوان) خـوب تـو ایـن روزهـا چـه‌کار می‌کنـی؟

نویسـنده در سـمت چـپ صحنـه از آپارتمانـش خـارج شـده و در حالـی کـه از پله‌هـا پائیـن می‌آیـد، چشـم‌اش می‌افتـد بـه آوازه‌خـوان کـه در وسـط جمعیـت/ پـارک مشـغول صحبـت بـا آقـای قمصـری اسـت. بـا دیـدن آنهـا بلافاصلـه تلفنـش را از جیبـش در آورده و در حالـی کـه سـعی دارد پشـت درخت‌هـای پـارک از دیـد آقـای قمصـری پنهـان شـود، بـه آوازه‌خـوان زنـگ می‌زنـد.

آوازه‌خـوان: هیچـی همـان گنده‌کاری‌هـا کـه تمـام عمـر می‌کـردم. حـال هـم دارم مـی‌رم پیـش دوسـت

هنرپیشه و نویسنده‌مون آقای درویش... معمولا می‌آیم توی این پارک چندی قدم می‌زنیم و طبق معمول چرت و پرت می‌گیم... می‌خواهم وادارش کنم یه نمایشنامه بنویسه.

آقای قمصری: مثل اینکه حالش خوش نیست... در ثانی آخه آقا کی اینجا می‌ره یک نمایشنامه جدی ببینه...؟ باید خنده‌دار باشه.

آوازه‌خوان با بلند شدن صدای زنگ تلفنش کلامش را قطع کرده و تلفنش را جواب می دهد.

آوازه‌خوان: آلو...؟

با بلند شدن صدای نویسنده آن‌طرف تلفن نگاه آوازه‌خوان به‌طرف نویسنده که پائین صحنه ایستاده است بر می‌گردد. نویسنده را می‌بیند که در حالی که سعی در مخفی کردن خودش پشت درخت‌های پارک از دید قمصری را دارد، مشغول صحبت با اوست.

نویسنده: آخه چرا با قمصری زبون به زبون شدی؟ بابا ولش کن و بیا بریم قدم مونو بزنیم... می‌خوای برای ما دردسر بسازی؟ حالا پاش به اینجا باز می‌شه و هی می‌خواد با ما مصاحبه کنه... ولش

کــن و بیــا... چــرا می‌خواهــی آرامــش مــا را به‌هــم بزنــی...؟

آوازه‌خوان: دارم میام.

آوازه‌خــوان تلفــن را قطــع کــرده و به‌طــرف آقــای قمصــری برمی‌گــردد.

آوازه‌خــوان: خیلــی خوشــحال شــدم... مــن بایــد بــرم... انــگار دوســتمان دلــش تنــگ داد و بیــداد کــردن و گرفتــه.

آقــای قمصــری: آره خــودش و تــو ایــن چهــار دیــواری زندونــی کــرده... اصــلا از آپارتمانــش بیــرون نمیــاد... مثــل اینکــه زده بــه ســرش، از زن و بچه‌هــاش هــم بریــده... خیــال می‌کنــه مولانــا شــده... آره بــرو... آره زنــگ بــزن یــه ناهــاری بــا هــم بخوریــم و ببینیــم آخــه داری تــو ایــن آمریــکا چــه کار می‌کنــی...؟

آوازه‌خوان: باشه حتما... قربان تو.

آوازه‌خــوان به‌طــرف صحنــه حرکــت می‌کنــد و رفتــه و در گوشــه‌ی چــپ صحنــه بــه نویســنده می‌رســد و بــا هــم در قســمت چــپ بــه قــدم زدن و نرمــش و ورزش در پــارک ادامــه می‌دهنــد.

نویسنده: آخه بابا چرا می‌خواهی دست و پای این مزاحم‌ها را به زندگی ما باز کنی؟ بیا، بیا از این طرف بریم که من رو نبینند... من یه آدم لونر هستم، تنهایی را دوست دارم... من با کتاب‌هام عشق می‌کنم... با آقام مولانا... با مرشدهام، حافظ و عمر خیام حال می‌کنم.

در این لحظه نویسنده اتفاقی به صندلی یکی از تماشاگران برخورد می‌کند. می‌ایستد و به‌طرف او بر می‌گردد و خطاب به او که فرض می‌کند با یکی از درخت‌های پارک برخورد کرده است صحبتش را ادامه می‌دهد.

نویسنده: آقا درخت من کورم، تو که نیستی... برادر/ خواهر تو چت شده؟

به‌طرف آوازه‌خوان برمی‌گردد و در حالی که قدم زدنشان در پارک را ادامه می‌دهند نگاهش توی جمعیت می‌چرخد و به‌طرف آنها اشاره می‌کند.

نویسنده: بابا درخت‌ها هم دیگه بهت پشت پا می‌زنند. نگاه کن... این پارک چه‌قدر درخت داره... ببین... من قبلاً این همه درخت رو تو این پارک ندیده بودم.

آوازه‌خوان: حتماً قبلاً چشم بصیرت نداشتی.

نویسنده: چشم بصیرت داشتم... فقط عمری خاموش بودند.

آوازه‌خوان: شاید مشکل از عقلت باشه.

نویسنده: عقلم؟ کور بود... درست مثل بعضی از این درخت‌ها... نگاه‌شون کن... مثل من بی‌حال و بی‌جون هستند... پیر شده‌اند... شاخ و بال‌شون هم داره... زرد و خشک می‌شه... درست مثل من وقت خداحافظی‌شون داره می‌رسه.

آوازه‌خوان: بابا همه‌شون هم که پیر نشدند... کلی درخت جوان هم بین‌شون پیدا می‌شه.

نویسنده: جوان و گمراه.

آوازه‌خوان: آقا آخه کوتاه بیا، به جوان‌های مردم توهین نکن... آخه مگر تو خودت چقدر عقل و خرد داری که به جوان‌های نسل آینده توهین می‌کنی؟

نویسنده: عقل و خرد هیچی... ولی منظورم هم توهین نبود... تشویق بود.

آوازه‌خوان: تشویق!؟

نویسنده : بله تشویق (به یک خانم تماشاچی اشاره می‌کند) ببین این درخت نره... (به یک مرد تماشاچی اشاره می‌کند) و اون یکی ماده است.

آوازه‌خوان: تو از کجاشون می‌فهمی که کدام نره و کدام ماده است...؟

نویسنده: از ابهت‌شون... ببین زن.

با بلند شدن صدای «ایران» که صدای نویسنده را خاموش و جانشین آن می‌شود هر دو به‌طرف صدا برگشته و می‌بینند که ایران که در جلوی سمت راست صحنه بین تماشاچی‌ها نشسته بود از جایش بلند شده و در حال صحبت به‌طرف نویسنده و آوازه‌خوان که از وسط جمعیت به‌طرف او می‌آیند در حرکت است. ایران بسیار جذاب و خوشگل و با اراده است اما همیشه غمی در وجودش دیده می‌شود که او را آزار می‌دهد. او هم لباسی تقریبا ورزشی به تن دارد.

ایران: بله زن... من یک زنم... البته اگر شما مردها، زن، یعنی من رو جزو آدم‌ها حساب کنید و بفهمید و قبول کنید که من کسی هستم که توی مرد را

زاده‌ام، یعنی تو از وجود من وجود گرفتی، از خون من خون گرفتی، از جسم من جسم گرفتی، از فهم و شعور من، فهم و شعور گرفتی، خنده و گریه و حرف‌زدن و راه رفتن رو من یادت دادم. حالا من این را نمی‌فهمم که چطوری یکدفعه عقل تو از من بیشتره و من نصف تو هستم و نصف تو می‌فهمم و من از تو باید برای هر کاری اجازه بگیرم؟... روی سخنم با توی مرد گمراهی است که گرفتار خرافات مذهبی شدی یا دانسته و فقط به‌خاطر منافع خودت، نشستی و برای من تصمیم گرفتی که من حق انتخاب پوشش خودم را ندارم، که من حق آواز خواندن و رقصیدن و شاد بودن ندارم، که من حق طلاق گرفتن ندارم، که من حق خروج از مملکتم و مسافرت بدون اجازه‌ی توی مرد را ندارم... که من خوابم چپ است و خواب توی مرد راست... آخه من نمی‌فهمم مگر خواب هم چپ و راست می‌شده...؟ یعنی عقل تویی که نشستی و برای من تصمیم گرفتی اینه...؟ اینکه من باید موهایم را بپوشانم... که چشم توی مرد بهش نخوره... روی سخنم با توی مردی است که... دچار خرافات عقب‌افتاده‌ی دینی شدی و قدرت و اراده و کنترل احساست رو نداری آخه من این را نمی‌فهمم که گمراهی عقلی و ضعف‌نفس تو به من بیچاره

چه‌ربط داره...؟ تو آینه نگاه کردی که از خودت بپرسی اگر من نبودم تو اصلا وجود نداشتی...؟ آره روی سخنم با توی مرد گمراه است، اگر همه اینها گفته‌ی آن خدایی است که تو می‌پرستی، من این خدا را قبول ندارم... آره من زن، آن خدایی را می‌پرستم که مظهر محبت، مساوات، بخشش، عشق، مهربانی، شادی و آزادی عقلی و فردی باشد.

در اینجا به نویسنده و آوازه‌خوان می‌رسد. به‌نظر می‌رسد که نویسنده یک نوع احساس پنهانی و درونی نسبت به ایران دارد که آن را پنهان می‌کند و رفتار و کردار و گفتارش با ایران بسیار حساب شده است. آنها در بین جمعیت در حال قدم زدن در پارک و گفتگو هستند. نویسنده در حال قدم زدن گاه‌گاهی با حرکت دست‌هایش حرکت‌های ورزشی هم می‌کند اما آوازه‌خوان و ایران بیشتر به حرکات ورزشی مشغول هستند. خصوصاً آوازه‌خوان که در حال گفتگو با آنها، دویده از آنها دور شده و گاهی گفتگویش را از دور با آنها انجام می‌دهد ولی باز به‌طرف آنها بر می‌گردد. ایران با رسیدن به نویسنده و آوازه‌خوان گفتگویش را خطاب به آن دو ادامه می‌دهد.

ایران: نه‌خیر! انگار گوش بعضی از شما مردها کره یا خودتون رو به کری زدید؟

نویسنده: فقط گردآفرین نماینده زنان و پیامبر صلح، عشق، دوستی و محبت رو کم داشتیم... (اشاره به آوازه‌خوان می‌کند) که او هم به پیامبر آواز و رقص پیوست.

ایران: نکنه تو هم مثل آخوندها که زن را نصف مرد می‌دونند و از دیدن موهاش می‌ترسند از زن و مقامش می‌ترسی؟

نویسنده: من از زن می‌ترسم؟ زن‌ها برای من مقدس‌ترین موجودات هستند... زن‌ها کشاورزان زندگی هستند... آنها مثل کشاورزان که یک دانه را توی زمین می‌کارند و درختی بارور به‌وجود می‌آید یک دانه‌ی اسپرم را توی خودشان توی وجودشان می‌کارند و نه ماه از آن نگهداری می‌کنند و درختی بارور مثل من و تو را می‌دهند بیرون... و در نتیجه در آینده تا بی‌نهایت زندگی بشریت را ادامه می‌دهند. بدون زن‌ها نسل آدم‌ها منقرض می‌شود.

آوازه‌خوان: مردها هم حتما باغبانان زندگی هستند.

ایران: مردها جاه‌طلب و قدرت‌طلب هستند... و برای حفظ آن میلیون‌ها نفر را هم به‌کشتن می‌دهند... به تاریخ نگاه کن... تو کمتر زنی را می‌بینی که جنگی را

شـروع کـرده باشـد. یـا دینـی را خلـق کـرده باشـد کـه عقایـد و شـادی و آزادی مـردم و بـه خصـوص زن‌هـا را بـه اسـارت گرفتـه باشـد. امـا مردهـا در عیـن حـال مثل بچه‌هـا هـم می‌ماننـد... راحـت می‌شـه گول‌شـون زد... در حـال زندگـی می‌کننـد... اگـر زن‌هـا بـا مردهـا مثـل بچـه رفتـار کننـد طـلاق پیـش نمی‌آیـد.

نویسـنده: یکـی از فرق‌هـای مردهـا و زن‌هـا ایـن اسـت کـه زن‌هـا دو نـوع خـون دارنـد، یـک نـوع مثـل مردهـا کـه در بدن‌شـان می‌چرخـد... یکـی دیگـه کـه تاریـخ باطـل دارد، مثـل شـیر... ایـن خـون حداکثـر تـا یـک مـاه کثیـف و سـیاه می‌شـه و بـو می‌گیـره و گنـد می‌زنـد و بایـد از بدن‌شـون خـارج کننـد... و وقتـی خـارج می‌شـه، یـک دسـتگاه دیگـری میـاد مثـل کارواش، تمـام رحم‌شـون رو می‌شـوره و تمیـز می‌کنـد... تـوی ایـن فاصلـه کـه رحـم تمیـز می‌شـه، اگـر زن و مـرد بـا هـم هم‌آغوشـی کننـد... دو تـا سـه روز طـول می‌کشـه کـه نطفـه بچـه بسـته بشـه... البتـه بعـد از آن دیگـه ایـن خـون نمیـاد... خـون مـی‌ره تـو یـک کارخانـه‌ی دیگـر و بـه شـیر تبدیـل می‌شـود.

آوازه‌خـوان: کـه مـن و تـو کـه متولـد شـدیم بخوریـم و گنـده بشـیم و نسـل بشـر .خـراب کار ادامـه پیـدا کنـد.

نویسنده: البته در این مهم حضرت مولانا می‌فرماید «مهلتی باید که تا خون شیر شود»... در غزلی دیگر می‌فرماید «ز خون بود غذا اول و آخر شد خون شیر چون دندان خرد رست از آن خون بجستند».

آوازه‌خوان: ولی وقتی نوبت مغز به میان می‌آید... مغز زن‌ها.

در این لحظه و با رسیدن به جلوی صحنه، نویسنده ایستاده و درحالی که مشغول حرکت ورزشی می‌شود، حرف آوازه‌خوان را قطع می‌کند، بقیه هم ایستاده و در حالی که آنها هم به حرکات ورزشی ادامه می‌دهند، گفتگوی آنها هم ادامه پیدا می‌کند. درست وقتی که آنها به جلوی صحنه می‌رسند، کارگردان هم از سمت چپ صحنه خارج و از پله‌ها پائین آمده و به آنها می‌پیوندد. دوربینش را هم طبق معمول در دست دارد و همه لحظه‌ها را ثبت می‌کند.

نویسنده: سیم‌کشی مغز زن‌ها با ما مردها فرق می‌کند... (دستش را روی پیشانی‌اش می‌گذارد). در اینجای توربین‌شان یک نوع سیم‌کشی عجیب و مخصوصی دارند که سنسورهای عجیبی دارد... مثلا یکی از سنسورهاشون اینکه اگر آنها با همسرشان

توی این اطاق خوابیده‌اند و بچه‌ی کوچیک‌شان توی اطاق دیگری... اگر بچه نفس‌تنگی بگیره یا هر مشکل دیگری پیدا کند حتی اگر آنها در خواب هم باشند. سنسور زن‌ها شروع می‌کند به بوق بوق کردن و درحالی که... مرده غرق خوابه و از این دنیا بی‌خبر، زنه از خواب می‌پره و می‌ره سراغ بچه. اگر مرده بیاد خونه و شیطونی کرده باشه حتی اگر هیچ نشانی از ماتیک و بوی عطری نباشه... فوری سنسور زنه شروع می‌کنه به بوق، بوق کردن... شایدم به‌روی مردشون نیارند ولی هرگز او را نمی‌بخشند.

ایران: اما اگر به همین خانم‌ها یک اسپرم بدهی یک انسان زیبا به تو تحویل می‌دهند اگر یک شاخه گل بدهی یک شب رومانتیک زیبا برات می‌سازند اگر یک کمی حبوبات و یک تیکه گوشت بهشون بدهی یک میز شام زیبا برات می‌چینند.

نویسنده: ولی اگر... (نوک انگشتش را نشان می‌دهد) این‌قدر کثافت‌کاری برعلیه‌شان بکنی سر تا پات رو به نجاست می‌کشند... یک بلایی سرت میارند که به غلط‌کردن که می‌افتی هیچی، می‌گی هرچی دارم می‌دم و فقط بگذار برم.

آوازه‌خوان: زن‌ها مثل گلی هستند که بین خارها پرچم زیبایی و آزادگی و صلح را به نمایش می‌گذارند.

ایران: و خارها همان آخوندها هستند...؟ انگل‌های کلاهبردار دین‌فروش انگلیسی و دزدان عقیده‌ی مردمان ساده دل که برای کنترل آنها خرافات و غم و غصه را بین آنها ترویج و تشویق می‌کنند و سرمایه‌ی آنها فقط زبان دروغین آنها است.

آوازه‌خوان: بهترین شغل دنیا، نه تحصیلات و علم می‌خواهد و نه کار کردن، نه سرمایه، نه شعور و معرفت می‌خواهد، فقط باید خود فروش، حرامزاده و دزد و کلاهبردار و خدای خرافات‌پراکنی باشی.

ایران کمی در فکر می‌شود.

ایران: ما یک رضا شاه دیگه می‌خواهیم که کاری را که شروع کرد بود رو تمام کند و مردم را از شر این انگل‌ها خلاص کند... البته اگر مردم نادان و ساده‌دل دیگه فریب قول بهشت رفتن این کلاهبرداران دین‌فروش را نخورند.

ایران رو به نویسنده می‌کند و ادامه می‌دهد.

ایران: چرا یکدفعه ساکت شدی؟

آوازه‌خوان: هیچی! ساکت شده و داره زیرکانه به من و تو گوش می‌کنه و به‌زودی یک نمایشنامه از همین چرت و پرت‌های من و تو تحویل می‌دهد.

ایران: درست مثل همان مردمان فرصت‌طلبی که ساکت نشسته‌اند و فقط منافع خودشان برایشان مهم است نه مردم بدبخت و بیچاره و گرسنه و نه وطن‌شان که داره از دست می‌ره.

آوازه‌خوان: اما همین آدم‌ها وقتی دَنگی به دونگی بخوره و حکومت عوض بشه یکباره رنگ عوض کرده و انقلابی صدآتشه می‌شوند.

ایران دوباره رو به نویسنده می‌کند و ادامه می‌دهد.

ایران: تو همینطور می‌خواهی ساکت باشی و به چرت و پرت‌های ما گوش کنی؟

آوازه‌خوان: ساکت شده و داره فکر می‌کنه بعد از اینکه ما از شر این آخوندها خلاص شدیم چطور این توده‌ی فریب خورده را باید آگاه کرد که این خرافات و کنار بگذارند و باز آنها را برنگردونند؟

ایران: به‌نظر من مهمتر از هر چیز آگاهی رسانی به توده و مخصوصاً نسل جوان است که کار معلم‌هاست... پس باید حقوق معلمان دو برابر بشه که نگران امرار و معاش نباشند و برای ادامه‌ی زندگی مشغول به شغل‌های دیگه نشوند و تمام وقت و فکر و ذهنشان صرف به آموزش و آگاه کردن جوان‌ها باشد که دیگه فریب این دروغ‌ها و خرافات مذهبیون را نخورند.

آوازه‌خوان: به‌نظر من مهمتر از همه باید تمام حوزه‌های علمیه و خصوصاً حوزه‌های قم و مشهد برچیده شده و بجایش یک دانشکده‌ی الهیات تاسیس شده و هر کس می‌خواهد ترویج مذهبی کند باید دیپلمه باشد و به این دانشکده‌ی الهیات برود و مثل بقیه دانشکدها زیر نظر وزارت آموزش و پرورش باشد و فارغ تحصیل الهیات بشود... و عمامه به‌طور کلی ممنوع شود.

ایران: تمام امامزاده‌ها که لانه‌های خرافات پراکنی و دزدی این مذهبیون هستند را باید به کتابخانه تبدیل کرد.

آوازه‌خوان: هشتاددرصد مسجدها باید به مدرسه تبدیل شوند.

ایـران: مهمتـر از آن اینکـه کـه هیچکـس بـه هیـچ عنوانـی حـق خمـس و زکات دادن بـه آخونـد را نداشـته باشـد و اگـر دادنـد دادگاهـی و محاکمـه شـوند.

کارگـردان: شـاید هـم بالاخـره یکـی پیـدا بشـه کـه بودجـه‌ی فیلـم ایربـاس و بـه مـن بـده کـه مـن بسـازمش.

ایران دوباره رو به نویسنده می‌کند.

ایـران: سـکوت دوبـاره... گـم شـدن در فکـر و خیـال؟ بالاخـره سـفره‌ی دلـت رو بـاز می‌کنـی یـا نـه؟

نویســنده: داشـتم فکـر می‌کـردم... همـه چیـز درسـت شـد... شـما حکومـت آخوندهـا رو سـاقط کردیـد... قانـون اساسـی را هـم نوشـتید... حکومـت جدیـد رو هـم آوردیـد روی کار... بودجـه‌ی فیلـم ایربـاس هـم داده شـد... حـالا فقط ایـن مانـده کـه رئیـس مملکـت رو انتخـاب کنیـد کـه دوبـاره یـک گـروه دیگـه چنـدی دوبـاره گنـد بزننـد و بدزدنـد و بخورنـد و ببرنـد... و گـور پـدر مـردم بیچـاره.

ایـران: سـاکت هـم بنشـینی کـه هیـچ چیـز حـل نمی‌شـود. بایـد حـرف زد، بایـد اعتـراض کـرد... بایـد حرکـت کـرد.

صـدای پـارس سـگی شـنیده می‌شـود. بـا شـنیدن صـدای

پارس سگ، آوازه‌خوان با ایران شوخی آغاز می‌کند.

آوازه‌خوان: تا حرکت شروع می‌شود، پاسداران شب ندای حمله می‌دهند.

رو به ایران می‌کند.

آوازه‌خوان: چارقد و چادرت را سرت کن تا حمله نکردند.

ایران: سگ‌ها با وفاترین موجودات هستند... از آدم‌ها هم با وفاترند... از این سگ‌ها نمی‌ترسم... سگ‌هایی که تو من را از آنها می‌ترسانی، سگ‌های هار ظالمان و ستمگران دیکتاتورهای سیاسی و دینی هستند نه سگ‌های با وفای گله.

آوازه‌خوان به یکبار پارس کردن با صدای بلند آغاز کرده و به ایران حمله‌ور شده و شوخی آغاز می‌کند. فرار ایران و تعقیب و حمله‌ی آوازه‌خوان به او و جنگ و گریز و گفتگوی آن دو اطراف نویسنده و کارگردان ادامه پیدا می‌کند. ایران در حالی که از دست آوازه‌خوان فرار می‌کند، سخنان خود را خطاب به جمعیت/ درخت‌ها و آوازه‌خوان ادامه می‌دهد. نویسنده با دیدن آنها او هم هوس شوخی به‌سرش می‌زند و به‌طرف کارگردان رفته و با او شوخی آغاز می‌کند و سعی در خم کردن او را

دارد که خرش کرده و سوارش شود. صحبت‌ها و اعمال نویسنده کارگردان، آوازه‌خوان و ایران در پائین صحنه بین هم به‌حالت رقص، شادی و مزاح آغاز شده و کم‌کم با شروع رعد و برق و باران و طوفان روی صحنه به مانورهای ارتشی و فریاد و خشم و زخم و جرح تبدیل شده و در یک زمان ادامه پیدا می‌کند اما دو گروه توجهی به هم نمی‌کنند.

آوازه‌خوان: روسری تو جمع کن... بغل موهات پیداست‌ای بی‌دین... بکن... شون زیر روسریت... پدرسوخته‌ی بی‌دین... تا نبردمت کمیته.

ایران: مردم اینها هستند نماینده خدا... تجاوزگران به زنان و دختران و خواهران شما، روی سخنم با شما مردمانی است که هنوز خاموش نشسته‌اید و تماشاگرید...ای مردمان فرصت‌طلب و ترسو... شما هنوز خاموش هستید... و مثل موش از ترس پشت درخت‌ها قایم شده‌اید... شاید هم از بردگی، زندانی، زجر و شکنجه‌شدن و اذیت و آزار و توهین به مادران و خواهران‌تون خرسند هستید.

نویسنده: خم شو... خم شو... خر امام... وگرنه نه علفی خواهی داشت و نه یونجه و نه گردشی در ایران...

در طویله زندانی شدن و گرسنگی و کتک در انتظارت هست و در آخرت هم آتش جهنم و اعدام... خم شو... اگر خم نشی حتی از عرعر کردن هم ممنوع خواهی شد.

کارگردان: چشم حضرت امام... چشم.

کارگردان فوری روی دست و پاهای خود خم شده و حالت خر را بخود می‌گیرد نویسنده بر پشت او سوار شده و به زدن او می‌پردازد و کارگردان به سواری دادن به نویسنده ادامه می‌دهد. در همان حال آوازه‌خوان، ایران را دنبال کرده و بر تن او شلاق می‌زند و موهای او را گرفته و کشان‌کشان می‌برد.

آوازه‌خوان: خفه‌شو سلیته... می‌برمت تو زندان تا همه بهت تجاوز کنند تا یاد بگیری موهات رو نشان ندی... نشونت می‌دیم حجاب چیه.

ایران: ای مردمان خفته و ترسو... شهامت‌تون کجاست؟ دین و ایمان‌تون از بین رفت! وطن‌تون نابود شد و شما هنوز ترسو و خاموش مانده‌اید و همچون درخت‌ها تماشاگر شده‌اید. شاید هم از ترس و خجالت درخت شده‌اید.

نویسنده: هی... هی... تند برو، چه سعادتی داری که خر امام شدی، چرا پالونت آن‌قدر کهنه است، نگران نباش مال امام فراونه، نوش می‌کنم. هم این دنیات رو داری و هم بهشت و آخرتت و تو آن دنیا برای خودت خریدی... تند برو... ناف... بهشت جاته.

کارگردان: پول مخارج ایرباس چی می‌شه؟

نویسنده: نگرانش نباش! دستور می‌دهم بپردازند.

در این حال به یکباره رعد و برق و باران و طوفان شروع می‌شود. بازی آنها در میان رعد و برق و باران و طوفان به‌طرف در خانه‌ی نویسنده ادامه دارد و از گوشه‌ی چپ صحنه بالا رفته و همگی ناپدید می‌شوند. حالا صدای آنها در میان صدای شدید و بلند رعد و برق و طوفان به‌سختی شنیده می‌شود ولی بعد از چندی صدای رعد و برق کم شده و باز صدای آنها بین رعد و برق شنیده می‌شود.

صدای آوازه خوان: بی‌شرف زن‌ها مقام بالایی در بارگاه امام دارند... اما زن‌های باحجاب و عفیفی که کنیزک خدا، امام و شوهرشان هستند... نه زن‌های بی‌حجابی مثل تو که مایه ننگ زن‌ها هستند...

حجـــاب به‌ســـر کـــن.

صـــدای ایـــران: هرگـــز... مـــرگ بـــر اســـتبداد آخونـــدی... مـــن یـــک زنـــم. گردآفریـــن ناجـــی آزادی ایـــران وطنـــم. ایـــران مـــن؛ وطـــن مـــن نگـــران نبـــاش. اگرچـــه بســـیاری از مردمانـــت در خوابنـــد یـــا خاموشـــی اختیـــار کرده‌انـــد امـــا زن‌هـــای وطـــن آزاده و بیدارنـــد. زن‌هـــای دلاورت همچـــون گردآفریـــن، آزادت می‌کننـــد.

صـــدای نویســـنده: بـــدو و امـــام را بـــه منـــزل برســـان... ببیـــن چـــه ســـعادتی نصیبـــت شـــده! خـــدا را بایـــد شـــکر کنـــی... ببیـــن خـــدا همـــه چیـــز و دیـــد و رحمتـــش، بـــارون و بـــر همـــه شـــما عطـــا کـــرد... بـــدو... بـــدو.

صدای آوازه خوان: سلیته گفتم خفه‌شو.

بالاخـــره نویســـنده در حالـــی کـــه هنـــوز ســـوار کارگـــردان اســـت وارد صحنـــه می‌شـــود .نویســـنده عبـــای ســـیاهی پوشـــیده اســـت و عمامـــه‌ی ســـیاهی هـــم بـــر ســـر دارد. روی کارگـــردان/ خـــر پارچـــه‌ی ســـبزی افتـــاده اســـت کـــه تـــا زمیـــن ادامـــه دارد و کلمـــه‌ی ملـــت بـــا رنـــگ قرمـــز بـــه وضـــوح دیـــده می‌شـــود کـــه روی آن نوشـــته شـــده اســـت. کارگـــردان زنگولـــه‌ای هـــم بـــر گـــردن دارد.

صدای نویسنده: تندتر برو بارون گرفت... بتاز... امام رو به مسجد خدا برسون.

از گوشه‌ی دیگر صحنه، ایران در حالی که چادر و چارقد سیاهی به‌سر دارد وارد شده و به دنبالش هم آوازه‌خوان که لباس پاسداران را به بتن دارد و تفنگی در دست به دنبال ایران است که با آن او را اذیت و آزار می‌کند. جنگ و گریز و گفتگوی آنها در یک زمان و بین یکدیگر ادامه دارد. رعد و برق و طوفان کم شده و کم‌کم از بین می‌رود.

ایران: ای ایرانم! من یک زنم! گردآفرین، ناجی آزادی ایران وطنم بدان که زن‌های آزاده و شجاعت از دست ظالمان دین‌فروش نجاتت می‌دهند... زنان ظالمان دین نما و دزد و تجاوزگر دین و وطن را به‌زیر می‌آورند... وطن را نجات می‌دهند... شاید با دیدن زنان، آن دسته از مردمان ترسو که هنوز خاموش نشسته‌اند بیدار و آزاده شوند و پشت زنان‌شان بایستند...ای وطنم،ای ایرانم، ما زنان خودمان تا سرنگونی حکومت ظالمان دینی با اراده ایستاده و ایستادگی می‌کنیم و فریاد می‌زنیم.

ایران روسری‌اش را از سر برمی‌دارد، موهای بلند و

سیاهش روی شانه‌هایش رقص آغاز می‌کنند، چادر و مانتوش را هم در می‌آورد و دور می‌اندازد. حالا اندام زیبای ایران با یک پیراهن قرمز کوتاه و راحت آستین کوتاه، چون لاله‌ای قرمز و آزاده، آهنگ اعتراض و مقابله با استبداد آخوندی را می‌نوازد.

ایران: نه روسری، نه توسری، نه چادر و کلاغ غارغاری...
نه روسری... نه توسری، نه آخوند دزد بندری...
زن، زندگی، آزادی... زن، زندگی، آزادی... شنیدی حرف‌هایم را...؟ با شما هستم‌ای مردمان خفته‌ی ایرانم... بیدار و بلند شوید نه روسری، نه توسری، نه چادر و کلاغ غارغاری... نه روسری، نه توسری، نه... آخوند دزد بندری... زن، زندگی، آزادی... زن، زندگی، آزادی...

ایران بالاخره در حالی‌که پاسدار/ آوازه‌خوان با تفنگش به‌دنبال اوست و او را تنبیه می‌کند، به‌طرف ملا حمله‌ور می‌شود و در حالی که خر ملا سعی در فرار و نجات ملا را دارد ایران به او رسیده و ملا را از روی خرش به زیر می‌کشد و ملا نقش زمین می‌شود. ایران عمامه‌ی ملا را از سرش برداشته و پا مال می‌کند. با به‌زیر آمدن ملا و پامال شدن عمامه‌اش، آوازه‌خوان /پاسدار و کارگردان ساکت و صامت تماشاگر می‌شوند. برای چند لحظه

سکوت حاکم می‌شود. آهنگ و آواز «ای خطه‌ی ایران» شروع می‌شود. دوباره ایران با صدای پر از امید و آرام در حالی که به‌طرف نقشه‌ی ایران که با قامت سفید زنان ایران آراسته شد و روی دیوار نصب است رفته و به آن نگاه و آن را لمس کرده و سکوت را می‌شکند.

ایران: وطنم... ایرانم... تنها با ریشه‌کن کردن آخوند و آخوندیزم از خطه‌ات دوباره دوران طلایی گذشته‌ات برخواهد گشت... دوباره احترام به زن و آزادی فردی و اجتماعی جانشین زور و ظلم و ستم و بردگی می‌شود.

بالاخره آوازه‌خوان تفنگش را به‌طرف نویسنده/ آخوند که عاجزانه روی زمین نشسته است نشانه می‌گیرد و بعد از کمی تامل با شلیکی ملا را می‌کشد. با بلند شدن صدای بلند تفنگ ملا/ نویسنده نقش زمین می‌شود. بعد از چند لحظه سکوت نویسنده بلند شده و می‌نشیند. به‌دنبالش هم کارگردان بلند می‌شود. چندی سکوت حکومت می‌کند. همه به‌هم خیره شده‌اند که چه اتفاقی افتاده و بالاخره کارگردان سکوت را می‌شکند.

کارگردان: پس بودجه‌ی فیلم ایرباس چی می‌شه...؟

آوازه‌خوان: همه‌ی اینها یک بازی است... و ما بازیچه‌هاش.

ایران: دیگه وقت بازی تمام شده... باید حرکت کرد.

نویسنده یکباره عصبانی شده و از جایش بلند می‌شود.

نویسنده: بلند شید از اینجا برید... هری... ما همه چیز و به بازی می‌گیریم.

صدای دخترBچه: آزادی و آزادگی زنان یک بازی نیست.

نویسنده: باز هم صدای هذیان گفتنت بلند شد... خاموشش کن. خسته شدم.

صدای پیرمرد: عذاب وجدان؟ اما چیزی را عوض نمی‌کند... اشتباه سال ۵۷ را می‌گویم... به‌جایی نمی‌رسی... تنها راه نجات حرکت است.

ایران، آوازه‌خوان و کارگردان در حالی که از داخل لنز دوربینش همه لحظه‌ها را ثبت می‌کند، هر سه کنجکاوانه نویسنده را تماشا می‌کنند که شاید چیزی دستگیرشان شود که او با کی در حال گفتگو است. نویسنده در حالی که در هوا و اطراف در جستجو است در گوشش را گرفته و فریادش بلند می‌شود.

نویسنده: گفتم خسته شدم... حوصله‌ی شنیدن صدا و حرف زدن با شماها را ندارم.

نگاهش در سفر به اطراف روی آوازه‌خوان، ایران و کارگردان می‌افتد. با دیدن آنها، نویسنده با عصبانیت به‌طرف آنها رفته و آنها را با فریاد و در اوج عصبانیت، هول داده و از خانه‌اش بیرون کرده و در را می‌بندد.

نویسنده: شما هم برید بیرون... برید... تنهام بزارید... اصلا اینجا چه‌کار دارید... برید... هری، هری، هری، هری.

بعد از بیرون راندن آنها نویسنده فوری پشت میزش نشسته و مشغول تایپ کردن می‌شود. عکس‌العملش هم در طول تایپ کردن تغیر می‌کند. انگار در حال اجرای نمایشی است که با بالا و پائین رفتن نمایش حال و هوای او هم بالا و پائین می‌شود.

در همین زمان که نویسنده روی صحنه/ داخل خانه‌اش مشغول تایپ است و حالش آشفته و بالا و پائین می‌شود، آوازه‌خوان، ایران و کارگردان از در خانه‌ی نویسنده در سمت چپ بالای صحنه خارج شده و پائین آمده و جلوی صحنه توی پارک/ جلوی تماشاچی‌ها مشغول گفتگو می‌شوند. کارگردان همواره به گرفتن فیلم مشغول است.

ایـــران: تازگی‌هـا اخلاقـش شـده مثـل زن‌هـای حاملـه... هـی بـالا و پائیــن می‌شــه... خنــده و گریــه... بامــزه و بی‌مــزه... عصبانــی و خوشــحال.

آوازه‌خوان: این روزها بسیار آشفته است.

ایران: درست مثل حال من... دلم گرفته.

آوازه‌خوان: بخوان.

ایران: بخوانم؟ خوندنم نمیاد.

آوازه‌خوان: خوب برقص.

ایـــران: برقصـم؟ اینجـا تـوی ایـن پـارک؟ میـان ایـن مـردم کـه بیشــتر از نصف‌شــون هــم ایرونــی هســتند؟ بــه شــب نمی‌رســه کــه دهــن پرچونــه‌ی غیبــت کردن‌شــون بــاز می‌شــه و تمــام شــهر و پــر می‌کننــد کــه ایــران چه‌کــرده و چه‌نکــرده.

آوازه‌خـــوان: کســانی کــه غیبــت می‌کننــد در حقیقــت دارنــد بــه ضعــف و کمبودهــای روحــی و اجتماعــی خودشــون اقــرار می‌کننــد... بنابرایــن نبایــد بهــش اهمیــت بــدی.

ایران: آخه مگر می‌شه اهمیت نداد؟

آوازه‌خوان: چرا نمی‌شه؟ فرض کن... (به‌طرف خانم تماشاچی اشاره می‌کند) اون خانمه به من بگه خر احمق نفهم.

ایران: خانوم‌ها با ادب هستند و هیچ وقت این کارو نمی‌کنند.

آوازه‌خوان کمی مکث می‌کند.

آوازه‌خوان: بله... بله... خانم‌ها که هیچ... هیچ وقت.

ایران: غیبت هم که اصلا نمی‌کنند... حالا فرض کنیم اون آقاهه به شما بگه خر احمق نفهم... خوب تو ناراحت نمی‌شی؟

آوازه‌خوان: نه... چرا باید ناراحت بشم.

ایران: یعنی هر که به تو هر توهینی بکنه هیچ عکس‌العملی از خودت نشون نمی‌دی؟

آوازه‌خوان: هنوز که کسی توهین نکرده که من عکس‌العملی نشان بدم یا ندم.

ایران کمی مکث می‌کند و فکری به ذهنش می‌آید. به‌طرف خانم تماشاچی برمی‌گردد با او وارد صحبت می‌شود.

ایران: خانم ممکنه به این آقا بگوید، تو خر احمق نفهم هستی...

در اینجا عکس‌العمل ایران و آوازه‌خوان بستگی به جواب تماشاچی که مخاطب قرار گرفته است دارد. اگر او حرف ایران را تکرار کند آوازه‌خوان وارد صحبت با او می‌شود. اگر نکند ایران تماشاچی‌های دیگری را مخاطب قرار می‌دهد تا بالاخره یکی از آنها حرفش را تکرار کند و در آنجا آوازه‌خوان ادامه می‌دهد.

تماشاچی: تو خر احمق نفهم هستی.

آوازه‌خوان: خیلی ممنون خانم/ آقای عزیز... شما چقدر فهمیده هستید که این را درک کردید... من از شما خیلی ممنونم که این را به من یادآوری کردید.

ایران: بابا تو دیگه کی هستی؟

آوازه‌خوان: ببین من که می‌دونم کی هستم... پس چه

فرقـی می‌کنـه مـن رو خـر و احمـق صـدا کننـد یـا اسـتاد و فهمیـده... مـن اگـر در مقـام دفـاع برایـم و ناراحـت بشـم آنوقـت اسـت کـه در حقیقـت بـه آدم یـا خـر بـودن خـودم شـک کـرده‌ام و حـرف آنهـا را ثابـت و قبـول کـرده‌ام یـا اینکـه تحـت تاثیـر غـرور بیجـای خـودم قـرار گرفتـه و عمـل کـرده‌ام... کـه هـر دو عکس‌العمـل کمبـود اعتمـاد بنفـس و شـخصیتی مـن و ثابـت می‌کنـد.

آوازه‌خوان به‌طرف ایران می‌رود.

آوازه‌خـوان: در ثانـی انسـان بـا شـخصیت و بـا معرفـت هیچوقـت غیبـت و توهیـن نمی‌کنـد... کسـانی غیبـت و توهیـن می‌کننـد کـه کمبـود نفسـی و اراده دارنـد... و بـرای ارضـای کمبودهـای درونـی خودشـان همیشـه در صـدد ایجـاد اختـلاف، اصطـکاک و دعـوا هسـتند و از ایـن طریـق لـذت می‌برنـد... بنابرایـن شکسـت آنهـا سـکوت و نشـان نـدادن عکس‌العمـل بـه آنهـا اسـت.

حـالا آوازه‌خـوان روبـروی ایـران ایسـتاده اسـت و چشـم‌هایش مسـتقیم در چمشـم‌های ایـران افتـاده اسـت.

آوازه‌خـوان: بنابرایـن معطـل چـی هسـتی...؟ رقـص و خنـده آغـاز کـن... خنـده... خنـده... خنـده.

ایران: نه... نه... نه

آوازه‌خوان شروع به شوخی و قلقلک دادن ایران می‌کند. رقص بازی و شوخی و خنده‌ی آن دو در حالی که کارگردان همچنان لحظه‌ها را با دوربینش ثبت می‌کند ادامه پیدا می‌کند. در همین هنگام که صدای خنده و شادی ایران و آوازه‌خوان بلند است و ادامه دارد، روی صحنه نویسنده داخل اطاقش انگار که صدای خنده‌ی آنها را شنیده باشد، از تایپ کردن باز می‌ایستد و بلند شده و جلوی پنجره‌ی اطاقش رفته و به‌طرف بیرون و پارک نگاه می‌کند و با دیدن ایران و آوازه‌خوان حالتش ناراحت و کم‌کم عصبی می‌شود.

داخل پارک بازی و شوخی ایران و آوازه‌خوان ادامه پیدا می‌کند تا بالاخره ایران که حالا غرق در خندیدن و شادی است و سعی در فرار از دست آوازه‌خوان را دارد در گوشه‌ای گیر می‌افتد و راه فرار بر او بسته شده و روبه‌روی آوازه‌خوان قرار می‌گیرد. برای چند لحظه چشم‌های آن دو در هم قفل می‌شوند. صدای خنده‌ی آنها قطع شده ولی چهری آن دو پر از شادی و خنده است. لحظه‌ای که هیچکدام انتظار اتفاق افتادن آن را نداشتند. برای چندی گیج و گنگ با نگاه خندان و شاد خود با یکدیگر گفتگو می‌کنند. کارگردان همواره با دوربینش مشغول ثبت لحظه‌هاست و بالاخره آوازه‌خوان سکوت را می‌شکند.

آوازه‌خوان: بنابراین معطل چی هستی...؟ رقص آغاز کن.

ایران که در خود گم شده است همچنان بی‌حرکت باقی می‌ماند. آوازه‌خوان دست او را می‌گیرد و ایران به‌طرف او رفته و در آغوش او قرار می‌گیرد و در حالی که چشم‌های آن دو در هم قفل شده در جلو و پائین صحنه رقص آغاز می‌کنند.

در تمام این مدت نویسنده پشت پنجره‌ی اطاقش بی‌تاب چشمش به آن دو دوخته شده است و با دیدن آنها ناراحت و عصبی شده و با خودش وارد گفتگو می‌شود.

نویسنده: نه... این درست نیست... تو نباید با ایران برقصی... نباید به او نزدیک بشی... ایران حالش خوب نیست... نه... نه... نه.

نویسنده عصبی و خشمگین چند بار تصمیم می‌گیرد از اتاقش خارج شده و به‌طرف آنها برود، ولی هربار در لحظه آخر خودش را کنترل می‌کند و دوباره پشت پنجره قرار گرفته و تماشاچی می‌شود.

نویسنده: نه... نه... نه... تو داری به زن‌ها بی‌احترامی می‌کنی... نه... تو... داری به او صدمه می‌زنی... نه... نه.

صدای پیرمرد: زور کی را داری می‌زنی؟ نگران ایران هستی یا عصبانی از خواسته‌های خودت؟

نویسنده: این‌بار خودت رو قاطی نکن... برو دنبال کارت.

نویسنده در تمام مدت صحبتش با صدای پیرمرد، چشمش از روی ایران و آوازه‌خوان که در پائین صحنه مشغول رقص هستند برداشته نمی‌شود و هر لحظه عصبی‌تر هم می‌شود.

صدای پیرمرد: احساس گناه داره رنجت می‌ده... آره...؟

نویسنده: گفتم این‌بار خودت رو قاطی نکن. احساس گناه چیه... ؟ گفتم برو... دنبال کارت.

صدای پیرمرد: عشق؟ عشق است که داره رنجت می‌ده. عشقی ممنوعه اما جرأت و شهامت ابراز عشقت و نداشتی و نداری... اینکه تو را داره دیونه می‌کنه... رنج می‌ده.

نویسنده با شنیدن آنچه پیرمرد به او یادآوری کرده در خود گم شده و از خودش چنان عصبی می‌شود که انگار دیگر صدای پیرمرد را نمی‌شنود. بغض گلویش را گرفته و بدنش بلرزه می‌افتد. می‌خواهد فریاد

بکشد اما صدایش در سینه و گلویش حبس شده و خارج نمی‌شود. اما نگاهش از روی ایران و آوازه‌خوان برداشته نمی‌شود.

ایران: من نمی‌فهمم چم شده؟

آوازه‌خوان: هیچ چیزت نشده... لحظه‌ها زیباتر شده‌اند.

ایران: نه... منظورم اینکه بعد از مدتها است که وقتی مردی به من نزدیک می‌شه و من رو لمس می‌کنه... احساس بدی ندارم... احساس گناه نمی‌کنم.

آوازه‌خوان: سکوت... بهترین و لذت‌بخش‌ترین تجربه‌ی این لحظه‌هاست.

درست چند لحظه بعد از اینکه لب‌های ایران و آوازه‌خوان یکدیگر را لمس می‌کنند بغض نویسنده که چندی در سینه‌اش حبس شده بود می‌ترکد و فریادش چنان بلند می‌شود که به گوش ایران و آوازه‌خوان که در پارک مقابل آپارتمانش مشغول بوسیدن بودند می‌رسد و ایران و آوازه‌خوان را از بوسیدن باز می‌دارد و هر دو به‌طرف پنجره‌ی آپارتمان نویسنده برگشته و به آن خیره می‌شوند. اما نمی‌بینند که نویسنده روی زانوهایش خم شده و به گریه و هق‌هق افتاده است

و توانش را از دست داده است. با شروع صدای آهنگ و آواز «ای خطه‌ی ایران» نور شروع به مردن می‌کند و آوازه‌خوان و ایران و به‌دنبال‌شان کارگردان که به قسمت راست صحنه رسیده‌اند از پله‌ها بالا رفته و خارج می‌شوند. با خروج آنها نور کاملا می‌میرد.

پایان پرده اول

پرده دوم

نور روی کارگردان در طرف راست صحنه می‌تابد و در طول صحبت او کمتر و کمتر می‌شود. به موازات کم شدن نور روی کارگردان در آن‌طرف صحنه روی نویسنده که پشت میزش نشسته و مشغول تایپ کردن است زنده شده و زیاد می‌شود. طناب داری وسط و ته صحنه آویزان است و چهارپایه‌ای زیر آن قرارد دارد.

کارگردان: من به دیدن خامنه‌ای رفتم... خاتمی را دیدم، روحانی را ملاقات کردم. نه به‌خاطر اینکه طرفدارشان بودم، فقط به‌خاطر اینکه پورپوزال/ پیشنهاد فیلم ایرباس رو بهشون بدم که دستور بدند به من بودجه داده بشه که فیلم رو بسازم، خامنه‌ای رسما نوشت فیلم ساخته شود... اما پائین‌ترها گفتند فیلم رو باید فلان کارگردان بسازد نه شما... به‌خاطر اینکه من از آنها نبودم.

فیلم هم هیچوقت ساخته نشد. (پوزخندی می‌زند و می‌رود تو فکر و بعد ادامه می‌دهد) جوان که بودیم رسم شده بود که اگر یک سری کتاب‌ها مثل «چگونه فولاد آب‌دیده شده» «نیکولای استروفسکی»، «مادر» «ماکسیم گورکی» «پاشنه آهنین» «جک لندن» و «خرمگس» «ایتل لیلیان وینیچ» و... و... رو بخونی روشنفکر هستی... ما هم می‌رفتیم خیابان مخبرالدوله که چندتا دستفروش بودند... البته اسم و نشانی آنها را بچه‌ها بهمون داده بودند... می‌گفتیم فلان کتاب رو می‌خوایم... می‌گفت برو فردا فلان ساعت بیا ما هم فردا برمی‌گشتیم و کتاب رو تو پاکت به ما می‌داد و پنج تومان کتاب رو سی‌وپنج تومان حساب می‌کرد... بعدشم ما می‌خوندیمشون و دوآتشه می‌شدیم... حالا هم به کار خودم خندم می‌گیره.

با تمام شدن گفتار کارگردان و مردن نور روی او صدای آهنگ و آواز «ای خطه‌ی ایران» بلند شده و نور روی نویسنده در سمت چپ صحنه کامل می‌شود. نویسنده پشت میزش نشسته و به کامپیوترش خیره شده است. دستهایش روی کی‌بورد است که تایپ کند اما چیزی به فکرش نمی‌آید. در فکر غرق شده و احساس تنهایی می‌کند. از خودش ناراضی و عصبی است.

نویسنده: هنر ما هم دیگه هنر نیست... هنرمندانمان هم دیگه هنرمند مردمی نیستند البته نه همشون... بعضی‌هاشون... آخه چطور می‌شه یک نفر چپ و راست تو ایران فیلم بسازه و پول داشته باشه تو خارج هم فیلم بسازه، گرین‌کارت آمریکا و ویزای اقامت تو اروپا را هم داشته باشه و باید بگویم داشته باشند و آزاد بیایند و بروند ایران، بعد هم بگویند وابسته این رژیم نیستند... هری (مکث) خود تو... هم تقلبی شدی... آخه مگه خودت چه غلطی کردی که به دیگران خرده می‌گیری. شاید هم بدتر از آنها باشی... این‌قدر باد به غبغبت نداز... آب نبوده که توش شنا کنی... یا شاید شنا کردن بلد نیستی و ترسیدی به آب بزنی که یکدفعه غرق بشی. هری.

نگاهش به طناب داری که وسط صحنه آویزان است برمی‌گردد. بلند شده و به‌طرف طناب دار حرکت می‌کند. چندی به آن خیره می‌شود. نگاهش به طرف کتاب‌هایی که نوشته است توی کتاب‌خانه سفر می‌کند.

نویسنده: هنوز هم مثل جوانی‌هات فقط بلدی شعار بدی... تا حالا که این همه شعار دادی چه نتیجه‌ای داشت...؟ این همه کتاب و نمایشنامه که نوشتی

کجـا رو گرفتـی؟ ایـن همـه فیلـم و نمایشـنامه کـه بـازی کـردی حـالا چـی بهـت دادنـد. کجاینـد آن همـه کـه بهبـه و چهچـه تـو می‌گفتنـد کـه حـالا یـه سـری بهـت بزننـد و حالـت رو بپرسـند کـه از تنهایـی فکـر خودکشـی بهسـرت نزنـه... فکـر می‌کنـی فـردا کـه سـرت رو زمیـن بگـذاری کسـی اصـلا بدونـه تـو کـی بـودی؟ حتـی اگـر هـم بدوننـد... بـرای تـو کـه مُـردی چـه فرقـی می‌کنـه؟ اینجـا کـه نیسـتی کـه مثـل گذشـته دعوتـت کننـد و بهبـه و چهچهـت رو بگوینـد کـه تـو هـم بـاد بـه غبغبـت بینـدازی و احسـاس برتـری و غـرور کنـی...؟ هـری... آن دوره بـاد ... بـه غبغـب افتادنـت دیگـه گذشـته... مُـرده... هـری.

بـاز نگاهـش برمی‌گـردد روی عکس‌هـای خـودش روی دیـوار. چنـدی بـه یکـی از عکس‌هـای جوانـی‌اش خیـره می‌شـه و مـی‌ره تـو گذشـته.

نویســنده: جوانـی کجایـی کـه یـادت بخیـر... افسـوس کـه بـا یـک چشـم‌به‌هم زدن ... هـری... آمـدی و بـا یـک چشـم‌به‌هم زدن هـری رفتـی.

نگاهـش از روی عکـس جوانـی‌اش سـفر کـرده و روی یکـی از عکس‌هـای نمایشـنامه‌ای کـه بـا ایـران در

گذشته بازی کرده بود می‌افتد. اندازه عکسه دو برابر عکس‌های دیگر هم هست. انگار که جادو شده باشد قدرت برداشتن نگاهش از روی آن را ندارد.

نویسنده: چقدر خوشگل و سرمست بودی و هنوز هم هستی... هری، هری... هری.

نگاهش روی دیوار و وسط عکس‌ها به نقشه‌ی ایران می‌افتد و به آن خیره می‌شود اشک‌هایش را که از گوشه‌ی چشم‌هایش جاری شده‌اند را پاک می‌کند که جلوی دیدش باز شود. و بعد زیر لب زمزمه می‌کند.

نویسنده: ما همه زندونی غم شده‌ایم

ما همه برده‌ی مسلک شده‌ایم

دیگه بسه، به محمد و حسین زار کنیم

بسه دیگه، مذهب و دین خوار کنیم

توی این شهر شلوغ آفت یک دیگریم

توی این دنیای بور خاموش و مرده دل‌ایم

بیا تا کاری کنیم
همت و یاری کنیم
خاک خوب وطن و
از شر غم رها کنیم

با هر زحمتی شده نگاهش را از روی نقشه‌ی ایران می‌دزدد و در سفرش از روی عکس‌ها توی آینه‌ای که وسط عکس‌ها نصب شده است می‌افتد. به خودش داخل آینه خیره می‌شود.

نویسنده: خودتم دیگه خودت و نمی‌شناسی؟ به‌نظر می‌رسه فقط چند سال پیش بود که جوان بودی و معروف و تو هوا سیر و سیاحت می‌کردی و خدا را هم بنده نبودی... اصلا به عقلی که نداشتی و هنوزم نداری، خورده بود که هشتاد سال مثل یک گردباد هری آمد و هری رفت... تمام شد... و حالا تنهایی مثل زهرمار داره می‌خوردت... پس ماندن یا نماندت...؟ چه فرقی می‌کنه... درد نماندنش کمتره.

نگاهش به‌طرف طناب داری که آماده کرده که با آن خودش را دار بزند برگشته و به‌طرف آن رفته و غرق و گم شده در فکر و خیال به آن خیره شده و با آن وارد. گفتگو می‌شود.

نویسنده: حالتون چطوره؟ یکدفعه وسط کار پاره نشی و ما نمرده بیافتیم پامونم بشکنه و زمین‌گیر هم بشیم، که اون از درد تنهایی بدتره... آنوقت آدم توالتم نمی‌تونه بره.

طناب دار را امتحان می‌کند که مطمئن بشود محکم است.

نویسنده: به هشتاد و اندی عقلم هم قد نمی‌داد که آخر خطم با تو باشد؟ پس آن همه دوست و آشنا و فامیل و غیر فامیل چی شدند...؟ یکی‌شون یه زنگ نمی‌زنه ببینه مُردی یا زنده‌ای... آره فقط عید به عید که می‌شه یه تکس برات می‌فرستند... دایی عیدت مبارک... بابا عیدت مبارک... رفیق عیدت مبارک... استاد عیدت مبارک... اونم نه همشون... فقط بعضی‌هاشون... اون هم فقط سه چهار کلمه است... نوه‌هات که اصلا اونم نمی‌فرستند... پس برای چی می‌خواهی زنده... باشی... هری... هری... وقتی که داری هر روز بهت تلفن می‌زنند... آن هم چند بار ندار که می‌شی... جواب تلفنت و هم نمی‌دند... اگر تو آپارتمان هم زندگی کنی که اصلا کسر شان‌شون می‌شه بیان دیدنت... نه باید بری تو خانه‌ی آنها... سر استخرشون بنشینی... قبلاً رو یادشون رفته که تو خانه‌ی ده اطاقه داشتی و اونا آپارتمان نشین بودند... هری... گهی زین به پشت و گهی پشت به زین... حالا هم که تو زیرِ زیرِ زیرِ زینی... هری... یکی هم نیست بهش بگی که چقدر این درد تنهایی بده... رنج‌آوره... تازه هم فرض کنیم یکی پیدا شه، این غرور احمقانه‌ی تو

که بهت اجازه نمی‌ده که دهن باز کنی.

چندی غرق فکر می‌شود.

نویسنده: آره آخه مگه آخر و عاقبت هنرمند بهتر از این هم می‌شه خوب بزغاله مگه یادت رفته آن روزهایی که روی زین اسب، مست نشسته بودی و برات هورا می‌کشیدند و جنابعالی هم خودت و خدا می‌دونستی و تو آسمان‌ها سیر و سیاحت می‌کردی و غرورت به کوه دماوند می‌گفت زکی... حالا که تنهایی داره می‌کشدت و هیچ دوایی هم براش پیدا نمی‌شه که آدم بخره و درمونش کنه به‌فکرش افتادی...؟

صدای دختربچه: دواش فقط مرگه.

با بلند شدن صدای دختربچه، نگاه و حواس نویسنده به‌طرف صدای تو هوا برمی‌گردد. گیج و گنگ منتظره که صدای دختربچه دوباره بلند بشه. اما هر چی صبر می‌کند صدای از او بلند نمی‌شود. دوباره با خودش وارد گفتگو می‌شود.

نویسنده: حالا تو از دیگران انتظار نداری اما بچه‌هات چی...؟ یوخ مسه... اگر هم حرف بزنی می‌خوان کتکتم

بزنند... یادشون رفته که تو چقدر شب و روز تر و خشک‌شون کردی... و همینطوری بزرگ نشدند. چطوری می‌تونی بهشون حالی کنی که آدم بچه درست می‌کنه برای روز پیریش... برای روزهای تنهای که داره مثل زهرمار از داخل می‌خوردت و نابودت می‌کنه.

صدای دختربچه: هرگز از خودت پرسیدی که آن بچه‌های که تو ازشون انتظار بی‌جا داری و گله‌مندی هیچگونه اختیاری برای آمدن به این دنیایی که تو ازش گریانی و می‌خواهی خودت و از شرش خلاص کنی را نداشتند و این تو بودی که ... برای آنها تصمیم گرفتی...؟ توی پدر و مادر بودید که اسم و رسم بهشون دادید درست مثل من که شب و روز آرزو می‌کردم که‌ای کاش هرگز به‌دنیا نمی‌آمدم که پسرت بهم.

نویسنده با شنیدن صدای دختربچه به یکبار عصبی شده و با فریادش صحبت او را قطع می‌کند.

نویسنده: دوباره تو پیدات شد؟ چندبار بهت بگم خفه شو و صداتو ببر .آمدن بچه تو این دنیا قانون خلقته.

صــدای دختربچــه: قانــون خلقــت تفنــگ گذاشــته بــود پشــت گردنــت و تهدیــدت می‌کــرد کــه شــب و روز بــا زنــت عشــق و حــال کنــی و خودتــو تــو بهشــت ببینــی... کــه بچــه درســت کنــی... یــا اینکــه وقتــی بــه دنیــا آمــد تــوی دل خــودت نبــودی و وقتــی می‌خندیــد قنــد تــو دلــت آب می‌شــد و وقتــی گریــه می‌کــرد قنــد تــو دلــت زهرمــار می‌شــد... پــس آنهــا حســاب نیســت...؟

نویسنده:حالا تو حسابدار هم شدی؟

صدای دختربچه: نه من منطق دارم.

نویســنده: آخــه خودتــو کــه نشــان نمــی‌دی کــه بــا یــک پــس گردنــی چنــان منطقــی نشــونت بــدم کــه دیگــه منطقــت یــاد بــره.

صــدای دختربچــه: پــس منطــق تــو جایــی کــه گیــر میفتــی زوره...؟ درســت مثــل گذشــته، کمربنــد و لگــد و مشــت‌های گــره شــده.

نویســنده: عجــب گیــری افتادیــم مــا... یــه الــف بچــه داره مــا را دیوونــه می‌کنــه بابــا اگــر مــا اصــلا نخوایــم بــا تــو دهــن بــه دهــن بشــیم کــی را بایــد ببینیــم...؟ چــی بایــد بــدم...؟

صـدای دختربچـه: خیلـی سـاده اسـت... بیـن دختـر و پسـرت تفـاوت نگـذار... حـرف دختـرت و بـاور کـن... و قبـول کـن کـه او هـم به‌عنـوان یـک زن مثـل پسـرت یـک انسـانه و... مهمتـر از همـه قبـول کـن کـه بـه دختـرت فقـط به‌خاطـر اینکـه یـک زن بـود ظلـم کـردی. اقـرار کـن کـه اشـتبا می‌کـردی و می‌کنـی.

نویسـنده از اینجـا بـه بعـد کم‌کـم عصبی‌تـر شـده و کنترلش را از دسـت می‌دهـد. صـدای دختربچـه هـم از اینجـا بـه بعـد جدی‌تـر و قوی‌تـر و غمگین‌تـر و خشـمگین‌تر می‌شـود.

نویسـنده: هرگـز... مـن هیچوقـت اشـتباه نکـردم کـه بـه آن اقـرار کنـم دروغگـو پسـر مـن هیچوقـت دسـت هـم بتـو نـزده... بی‌حیـا اون برادرتـه کـه بهـش تهمـت می‌زنـی... آبـرو کـه بـرام نگذاشـتی، دیگـه از جونـم چـی می‌خواهـی... بایـد همـان موقـع می‌کشـتمت کـه از شـرت یکبـاره خـلاص می‌شـدم.

صـدای دختربچـه: انـگار هنـوز غـرور و آبـروت مهمتر از سـلامت و شـادی دخترتـه کـه بـدون اراده‌ی او تـو درسـتش کـردی و آوردیـش تـو ایـن دنیـا کـه تـو و پسـرت زجـر و شـکنجش بدیـد.

نویسـنده عصبـی شـده و انـگار تـوان شـنیدن گفتـار او را نـدارد. در گوشـش را می‌بنـدد و خـودش را می‌زنـد بـه کوچـه‌ی علی‌چـپ و بـا سـرعت دور خـودش می‌چرخـد.

نویسـنده: اصـلا مـن دیونـه‌ام کـه جـواب تـو را مـی‌دم... طـرف مـن طنـاب داره. نـه تـو.

نویسـنده به‌طـرف طنـاب دار مـی‌رود. کاغـذی را از جیبـش در مـی‌آورد و بـه طنـاب دار نشـان می‌دهـد و بـا طنـاب دار به‌طـور جـدی گفتگـو آغـاز می‌کنـد.

نویسـنده: آقـای طنـاب دار... تویـی کـه فقـط حرف حسـاب سـرت می‌شـه... نجـات دهنـده از تنهایـی و عـذاب هسـتی... دیشـب نشسـتم و اسـم تمـام مرده‌هـا را نوشـتم... ۸۵ نفرنـد... کـه از بچگـی آنهـا را می‌شـناختم... تـا حـالا... غیـر از مـن و یکـی دو نفـر دیگـه همـه مرده‌انـد... امـا هنـوز هـم کـه هنـوز اسـت نتونسـتم مـرگ مـادرم و قبـول یـا فرامـوش کنـم... ببیـن ایـن پیرجامه‌ایسـت کـه مـادرم پنجـاه سـال پیـش بـرام فرسـتاد آمریـکا.

نویسـنده شـلوارش را پائیـن می‌کشـد و پیرجامـه‌ی پـاره پـور شـده‌ای را کـه زیـر شـلوارش پوشـیده اسـت را نشـان می‌دهـد.

نویسنده: بیچاره خیال می‌کرد تو آمریکا پیرجامه پیدا نمی‌شه. ببین، پاره پوره شده... اما هنوز نتونستم بندازمش دور... هر وقت بهش نگاه می‌کنم یا می‌پوشمش احساس می‌کنم مادرم کنارمه... تو ذهنم آمد وقتی‌که خودم و دارم دار می‌زنم، اگر اینو بپوشم شاید برم پیش مادرم.

صدای پیرمرد: برای چی می‌خواهی بری پیش مادرت؟

نویسنده: که بهش بگویم... تمام آن همه زمین‌هایی را که نگه داشتی که من یک روزی برگردم ایران و به یاد تو زندگی بهتری داشته باشم،همه و همه بی‌صاحب افتاده و حتی نمی‌دونم به سرشان چی آمده... و کی داره کشت‌شون می‌کنه و استفادش و می‌بره... نمی‌دانست تمام آن همه دعا و نمازی که خواند، همه آن روزه‌ها که گرفت و نذر و نیازهایی که کرد، هیچ فایده‌ای نداشت و خدا هیچ‌کاری نکرد که جلوی... آخوندهای دزد و کلاهبردار را که زندگی را برای همه زهرمار کردند را بگیره... آره بی‌چاره هی می‌گفت تو یک روزی برمی‌گردی تو وطن خودت، تو دهی که به‌دنیا آمدی زندگی می‌کنی و اونجا می‌میری و کنار من خاک... می‌شی.

صـــدای پیرمـــرد: زمیـن... نـه بـه مـادرت تعلـق داشـته و دارد و نـه بـه تـو.

نویســنده: مـن داشـتم بـا طنـاب دار حـرف مـی‌زدم... تـو دوبـاره از کجـا پیـدات شـد...؟ چـی می‌گـی زمین‌هـا بـه مـادرم و مـن تعلـق نداشـته...؟ هـری... چندتـا مزرعـه و... یک ده تمامـی.

صــدای پیرمــرد: همـه قرضـی بودنـد... زمیـن برای کشـت اسـت کـه آدم‌هایـی مثـل تـو از محصـول آن اسـتفاده کننـد و دوره‌ی امتحـان و اینجـا بگذراننـد... زمیـن بـه هیـچ کـس تعلـق نـدارد... جـزوی از طبیعـت اسـت.

هـر چـه بیشـتر نویسـنده عصبـی و صدایـش بـالا مـی‌رود صـدای پیرمـرد آرام‌تـر می‌شـود.

نویســـنده: بـاز چـی داری بلغـور می‌کنـی...؟ همـه آنهـا سـند رسـمی دارنـد.

صــدای پیرمــرد: قراردادهـای موقتـی... کـه شـما انسـان‌های وحشـی بـر سـر اینکـه بـه کـی متعلـق اسـت همدیگـر و نکشـید... درسـت مثـل شناسـنامه کـه وقتـی صاحبـش بمیـرد باطـل می‌شـه... و صاحـب شناسـنامه هـم مهـم نیسـت چقـدر مـال و منـال و

پول داشته باشد مثل شناسنامش باطل می‌شه و همه را جا می‌گذارد و بی‌بار و لخت به خاک بر می‌گردد و با زمین و طبیعت یکی می‌شه... مشکل شما انسان‌ها این است که تا جوان و سر مست و مملو از غرور و تکبر هستید به هیچ یک از اینها فکر نمی‌کنید تا وقتی که مثل تو به آخر خط برسید و درد پیری و تنهایی بیاد سراغتون... که دیگه دیر شده.

نویسنده: بابا ما این و نفهمیدیم که ما خل شدیم یا اینها عقلشون و از دست دادند که هی می‌آیند و یقه ما را می‌گیرند... ما خودکشی هم که می‌خواهیم بکنیم باز اینها پیدا شون می‌شه و ما را دوباره گیج می‌کنند... بابا بیا و ما رو ول کن و برو دنبال یه خل دیگه.

صدای پیرمرد: نمی‌تونم.

نویسنده: چرا نمی‌تونی؟

صدای پیرمرد: چون تو نمی‌تونی.

نویسنده: باز رفت تو پرت و پلا گفتن و فلسفه... بابا اصلا

تـو کـی هسـتی؟ چـرا خـودت و نشـان نمـی‌دی؟

صدای پیرمرد: تو هر روز داری منو می‌بینی.

نویسنده: تو رو می‌بینم؟ چطوری؟ کجا؟

صدای پیرمرد: تو آینه.

نویسنده: تو آینه...؟ من تو آینه خودم و می‌بینم؟

نویسنده عصبی می‌شود.

نویسنده: گفتم برو دنبال کارت و بزار با خیال راحت خودم رو دار بزنم.

صـدای دختربچـه: شـجاعت می‌خواهـد... کـه تـو نـداری... اگر داشـتی تـا حـال زده بـودی... همـه‌اش نمایشـه... برای گـول زدنه.

نویسـنده بـا شـنیدن صـدای دختربچـه کـه دوبـاره جـای صـدای پیرمـرد و گرفتـه عصبـی شـده و کمـی مکـث کـرده و بـه هـوا خیـره می‌شـه کـه شـاید چیـزی دسـتگیرش بشـود. بعـد در حالـی کـه از عصبانیـت دندان‌هایـش روی هـم قـرچ و قـرچ می‌کننـد بـا خـودش حـرف می‌زنـد.

نویسـنده: گیـر عجـب بچـه‌ای افتادیـم... آدم نمی‌بینـدش کـه بـره

ازش شکایت کنه یا با یه پس‌گردنی بزنه از اینجا بیرونش کنه... یا بگیره به‌جای خودش اعدامش کنه.

صدای دختربچه: درست مثل آخوندا فقط اعدام کردن و بلدی.

نویسنده برای جواب دادن به دختربچه در فکر می‌شود. حرکت کرده و رفته و روی چهارپایه‌ای که زیر طناب دار است می‌نشیند و چندی تو هوا خیره شده و بالاخره صدایش بلند می‌شود.

نویسنده: بابا هری... برو دنبال یک نفر دیگه و سر به سر آن بگذار... من... کار دارم... بزار به کارم برسم... هری... برو.

صدای پیرمرد: می‌بینم چقدر سرت شلوغه، از بیکاری می‌خواهی خودکشی کنی.

نویسنده: من نمی‌دونم اینها چرا نمی‌فهمند که از بیکاری نیست؟ از... از...

صدای پیرمرد: پس از احساس پشیمانی و گناهه...؟

نویسنده: احساس پشیمانی و گناه...؟ (می‌ره تو فکر) نکنه راستی راستی خدا باشه...؟ وگرنه این از کجا

فهمید که فکر منو خواند...؟

صدای پیرمرد: از آنجایی که خودت رو برای رو کار آوردن آخوندا مسئول و پشیمان می‌دونی؟

نویسنده: البته آن یک‌طرف قضیه است... اما (باز می‌ره تو فکر) اما خوب آقای محترم چطوری بگم غلط کردم... پس گوه را برای کی گذاشتند؟ بیار تا من بخورم... گوه خوردم... اشتباه کردم... هر چی هم که می‌گم که هیچی عوض نمی‌شه... درد و رنجم و که کم نمی‌کنه هیچی، بیشتر هم می‌کنه... برای همین هم به این نتیجه رسیدم که تنها راه نجات از عذاب فقط خودکشی است، که آن هم تو نمی‌زاری ما بکنیم و از شر این دنیا خلاص بشیم.

صدای پیرمرد: تو خیال می‌کنی با خودکشی کردن همه چیزت حل می‌شه؟ نه .حل نمی‌شه. فکر نکن به این راحتی می‌تونی از زیر بار مسئولیتش در بری.

نویسنده: تو که جواب همه چیز و داری بگو پس غیر از خودکشی چاره چیه...؟

صـــدای پیرمـــرد: همینجـا بمونـی و بـا آن بیچاره‌هـا تـو ایـران، زن‌هـا و بچه‌هایـی کـه دارنـد به‌خاطـر اشـباهات تـو و بقیـه نسـل پنجاه‌هفتی‌هـا زجـر می‌کشـند، زجـر بکشـی.

نویســـنده: از کجـا می‌دونـی کـه نبایـد ایـن اتفـاق می‌افتـاد کـه بعـد از ایـن همـه بدبختـی و بیچاره‌گـی بـه یـک رنسـانس اجتماعـی ختـم بشـه و نسـل آینـده آگاه شـده و نسـل آخونـد و اسـلام خرافاتـی رو تـو ایـران صـاف کننـد و از ایـران بیـرون کننـد؟ کـه داره اتفـاق می‌افتـه.

صـــدای دختربچـــه: هیچکـدام ایـن فلسـفه‌ها و سفسـطه‌ها مشـکل تـو را تـا قبـول نکنـی کـه کاری کـه بـا دختـرت کـردی اشـتباه و ظلـم بـوده حـل نمی‌کنـه و خودکشـی بـی خودکشـی.

نویسـنده بـاز بـا شـنیدن صـدای دختربچـه، پیرمـرد از یـادش رفتـه و دوبـاره آشـفته و عصبـی از روی چهارپایـه بلنـد شـده و در حالـی کـه تـوی هـوا و اطـراف بدنبـال دختربچـه می‌گـردد، فریـادش بلنـد می‌شـود.

نویســنده: گفتـم بـرو دنبـال کارت بچـه... هـری... هـی پـا برهنـه گریـز می‌زنـه و... حـال و فکـر مـا را بهـم می‌ریـزه... وقـت هـم نمی‌شناسـه... این‌بـار رو جـدی می‌گـم

بــرو... بــرو هــری... تــا دیوارهــا رو خــراب نکــردم... ببیــن (چندتــا تیشــو می‌کنــه تــو گوشــش) ببیــن، دیگــه صداتــو را نمی‌شــنوم... و خودکشــی هــم می‌کنــم کــه از شــر تــو یکــی خــلاص شــم.

صدای دختربچه: گفتم که شجاعتش و نداری.

نویســنده: عجــب بدبختــی گیــر کردیــم هــا... مثــل اینکــه همــه مــا را از خودمــان بهتــر می‌شناســند... شــجاعت نــدارم؟ پــس نــگاه کــن.

نویســنده به‌طــرف چهارپایــه‌ای کــه زیــر طنــاب دار اســت رفتــه و روی آن ایســتاده و بــه طنــاب دار خیــره می‌شــود. صورتــش به‌طــرف جمعیــت اســت. طنــاب را بــا دو دســت گرفتــه و جلــوی صورتــش نگــه مــی‌دارد. بعــد همینطــور کــه حلقــه دار را جلــوی صورتــش نگــه داشــته اســت، حلقــه را به‌طــرف نقشــه‌ی ایــران چرخانــده و از داخــل حلقــه نگاهــش روی نقشــه‌ی ایــران می‌افتــد و چنــدی بــه نقشــه‌ی ایــران کــه از قامــت ســفید زن‌هــای ایــران درســت شــده و در اطاقــش آویــزان اســت خیــره شــده و در فکــر و خیــال گــم شــده و خطــاب بــه نقشــه صدایــش بلنــد می‌شــود.

نویســنده: ایرانــم... بچه‌هــای زباله‌خــور... بچه‌هــای کار... زن‌هــای

غیـور... وطنـم... منـو ببخشـید... اشـتباه کـردم.

صـدای دختربچـه: پـس ظلمـی کـه بـه دختـرت کـردی چـی؟ آن به‌حسـاب نمی‌آیـد کـه ازش معذرت‌خواهـی نمی‌کنـی؟ چـون یـک زنـه؟

نویسـنده بـاز بـا شـنید صـدای دختربچـه یـادش مـی‌رود کـه بـا کـی در حـال گفتگـو بـود و حالتـش بـد و عصبـی می‌شـود. نگاهـش از روی نقشـه‌ی برداشـته و بـه حلقـه‌ی دار خیـره شـده و سـعی می‌کنـد گفتـه‌ی دختربچـه را نادیـد بگیـرد. بعـد طنـاب را بـا شـک دور گردنـش می‌انـدازد. تـوی فکـر گـم شـده و چشـم‌هایش را می‌بنـدد. بعـد از چنـد لحظـه چشـم‌هایش بـاز می‌شـوند. به‌نظـر می‌رسـد کـه تـرس او را برداشـته اسـت.

نویســنده: نکنـه تجربـه‌ی احمقانـه‌ای از کار در بیـاد...؟ اگـر یکدفعـه جـدی بشـه... چـی... ؟ نکنـه ایـن کارت هـم مثـل حمایـت از آن انقـلاب احمقانـه و اشـتباه باشـه.

صــدای پیرمــرد: بـاز داری خـودت و بـه خریـت می‌زنـی... آهنگ‌سـاز اگـر آهنـگ نسـازد خـل می‌شـه... نویسـنده اگـر ننویسـه دیونـه می‌شـه... تمـام مـال دنیـا هـم نمی‌تونـه راضـی و خوشـحالش کنـه... خـودت کـه

می‌دونـی... هنرمنـد بـودن خـودش یـک نـوع بیمـاری است... تنهـا دواش هـم فقـط خلـق یـک اثـر هنریسـت و نـه هیـچ چیـز دیگـه.

نویسنده از خودش عصبانی می‌شود.

نویســنده: بـاز داری وقتـت رو تلـف می‌کنـی... گوشـت رو ببنـد کـه صـدای هیچ‌کدامشـون رو نشـنوی... مجاهـد... فدایـی... آخونـد و مـولا... جبـه‌ی ملـی... (مکـث) شـاهی... مـن... تـو... همـه ول معطلیـم. (بـاز مـی‌ره تـو فکـر) پـس مـردم چـی؟ کـی بـه فکـر آنهـا اسـت؟ هیچکـدام... همه‌مـون فقـط داریـم زور خودمـو نـو می‌زنیـم.

صدای دختربچه: پس زن‌ها چی؟ کی به‌فکر آنهاست...؟

بـا شـنیدن صـدای دختربچـه، نویسـنده دوبـاره عصبانـی می‌شـود.

نویسنده: شما زن‌ها هم که هی زور خودتو نو می‌زنید.

صـدای پیرمـرد: زور آنهـا زور توسـت... وقتـی زورهاتـون بـا هـم یکـی بشـوند قدرتمندتـر می‌شـوند و بـه یـه جایـی می‌رسـید... بـه تنهایـی خاموش‌تـون می‌کننـد.

نویسنده: آخه اگر من نخواهم زورم رو با زور دیگران قاطی کنم چه کار باید بکنم؟

صدای پیرمرد: هیچی... آنوقت راه مرگ و انتخاب کردی.

نویسنده: مرگ... ؟ (می‌ره تو فکر) نه تا ایرانم آزاد نشه و ایرانم و یکبار دیگه نبینم و پاهام روی آن خاکش قدم نگذارد، خودکشی کار احمقانه ایست (می‌ره تو فکر) اصلا علت بدبختی و اشتباهات من همین مزخرفاتی است که از این ذهن خرابم در آمده و من تو این کتاب‌ها نوشتم... بله این کتاب‌ها هستند که باید بمیرند نه... من... آره این کتاب‌ها بودند که به من غرور بی‌جا دادند و باعث گمراهی من شدند .آره مقصر اصلی این کتاب‌ها هستند و باید اعدام بشوند.

نویسنده طناب را از دور گردنش در آورده و از روی چهارپایه پائین آمده و دست به‌کار شده و همه کتاب‌هایی را که نوشته است را جمع و روی هم چیده و آنها را با طنابی محکم می‌بندد.

نویسنده: آره شماها بودید که آن‌قدر مرا مغرور کردید که من خودم رو گم... کردم... و خیال کردم یه پوخی

هستم... بله سبب همه اشتباهات من شماها بودید. این شما هستید که باید اعدام و نابود بشید.

نویسنده در حالی که کتاب‌های بسته شده‌اش را حمل می‌کند روی چهارپایه‌ای که زیر طناب دار گذاشته رفته و کتاب‌هایش را دار می‌زند. و همینطور از روی چهارپایه به کتاب‌هایش که دار زده است و بی‌حرکت آویزان هستند خیره شده.

نویسنده: پس چرا دست و پا نمی‌زنید...؟ فقط بلد بودید پز روشنفکری بدید و تبلیغ و فریاد انقلاب، انقلاب کنید... هی دم انقلاب بزنید... حالا جون بکنید دیگه و ببینید که چقدر باعث بدبختی آن همه آدم بی‌گناه شده‌اید.

صدای پیرمرد: خالق نوشته‌جات باید اعدام بشه... مقصر اصلی اونه... که مردم از هیچ کجا بی‌خبر را گول زدند و بهشون دروغ گفتند... و وعده‌های دروغین دادند. و آوردندشون تو خیابان‌ها.

نویسنده: و وقتی از خواب بیدار شدند که دیگه دیر شده بود.

صدای پیرمرد: برای گرفتن حق خودت هیچ وقت دیر نیست... فقط اراده و شجاعت می‌خواهد. که به‌نظر

می‌رسد تو نداری. فقط خوب بلدی نظریه بدی که یکی دیگه به‌خاطر اشباهتش باید خودش و دار بزنه... پس خودت چی...؟

نویسنده پاک می‌ره تو فکر و دوباره به طناب دار خیره می‌شه.

نویسنده: حرف حساب جواب نداره.

نویسنده گیج و گنگ به کتاب‌هایش که دار زده است و طناب دار نگاه می‌کند. بعد از چندی حلقه‌ی طناب دار را دو دستی گرفته و جلوی چشم‌هایش نگه داشته و به آن خیره می‌شود. حلقه دار را دوباره در حالی که کتاب‌هایش به آن آویزان است را در حالی که هنوز روی چهارپایه ایستاده آن را دور گردنش می‌اندازد. اما حلقه را محکم دو دستی نگه داشته است که یکدفعه کنترل از دستش خارج نشده و حلق آویز شود. هنوز تو فکر است و در شک از کاری که قصد دارد بکند. بدون اینکه بداند شروع به زمزمه کردن وصیتنامه‌اش می‌شود.

نویسنده: گر که رفتم، به دل غصه و غم بار نکنید

به مزارم، همی گریه و شیون نکنید

می‌گذارید که شیخ رمال به مزارم دعائی خواند

با کلامی، ز شیخ حافظ و خیام مرا یاد کنید

بنوازید نی و با می ناب مستی آغاز کنید

به مرام شیخ روم، رقص سما باز کنید

یاد دارید، که این دیار را عهد و وفایی نبود

همگان همچو منی، اندر خم راه منید

نویسنده گیج و گنگ هنوز روی چهارپایه ایستاده و طناب دار را که دور گردنش افتاد دو دستی نگه داشته و در شک و تردید به هوا خیره شده.

صدای پیرمرد: چی شد؟ جا زدی؟ کمک می‌خواهی...؟ چرا کار و تمام نمی‌کنی؟ شهامتش رو نداری؟ خوب بگذار کمکت کنم.

نویسنده: نه، نه، نه... اگر کمک بخواهم یک زبان دارم بیست‌وهشت زرع.

صدای پیرمرد: پس چرا چهارپایه را از زیر پاهات خالی نمی‌کنی...؟

نویسنده: فکرم... راحتم نمی‌زاره.

صدای پیرمرد: چه فکری...؟

نویسنده: اینکه... اینکه... اگر این تجربه‌ی خودکشی هم یک اشتباه دیگه ...باشه چی...؟ اگر اشتباه باشه و یکدفعه جدی بشه چی؟ آنوقت می‌شه دوتا اشتباه. آنوقت درد و رنج و عذابش هم دو برابر می‌شه.

صدای پیرمرد: نگفتم تو شجاعتش و نداری.

نویسنده: تو چی؟ داری؟

صدای پیرمرد: آره چرا که ندارم.

نویسنده: پس... پس چرا خودت و دار نمی‌زنی که ثابت کنی داری؟

صدای پیرمرد: خیلی ساده است... بگذار چهارپایه را از زیر پات خالی کنم آن‌وقت .دوتایی با هم می‌میریم و از شر هم خلاص می‌شویم.

نویسنده: نه من به کمک احتیاج ندارم... خودم می‌تونم این کار و بکنم ...برو دنبال کارت... هری... هری.

صدای پیرمرد: آقای هری... باور کن اگر بمیریم خیلی بهتره... از رنج این دنیا راحت می‌شیم... اگر تو

شـجاعتش و نـداری مـن دارم، دیگـه صبـر و شـک جایـز نیسـت، بایـد چهارپایـه را از زیـر پاهـات خالـی کنـم آن‌وقـت هـر دو می‌میریـم.

در ایـن لحظـه چهارپایـه‌ی زیـر پاهـای نویسـنده شـروع بـه تـکان خـوردن می‌کنـد نویسـنده هـول شـده و همانطـور کـه هنـوز طنـاب دار دور گردنـش را دو دسـتی نگـه داشـته اسـت، گیـج و گنـگ و نگـران در حالـی کـه نگاهـش بـه پائیـن و جهـت چهارپایـه و اطرافـش برمی‌گـردد کـه مطمئـن شـود کـه پیرمـرد یکدفعـه چهارپایـه را از زیـر پاهـاش خالـی نکنـد، تعادلـش را از دسـت می‌دهـد و اتفاقـی چهارپایـه از زیـر پاهایـش خالـی شـده و بـا کتابهایـش حلق‌آویـز می‌شـود. درسـت وقتـی کـه روی هـوا بـا مـرگ و زندگـی در جنـگ اسـت و چیـزی نمانـده زندگـی را وداع کنـد، آوازه‌خـوان و ایـران و به‌دنبال‌شـان کارگـردان وارد می‌شـوند. بـا دیـدن او آوازه‌خـوان به‌طـرف او مـی‌دود و او را در هـوا می‌گیـرد و بـا کمـک ایـران او را بـالا می‌کشـند. در حالـی کـه آوازه‌خـوان او را نگـه داشـته اسـت ایـران روی چهارپایـه رفتـه طنـاب دار را از دور گـردن نویسـنده در مـی‌آورد و آوازه‌خـوان او را روی زمیـن زیـر کتاب‌هایـش کـه هنـوز بـه دار آویخته‌انـد و بـالای سـرش در رقـص هسـتند، می‌گـذارد. نویسـنده

را ترس گرفته و چندی گیج و گنگ به اطراف و آنها خیره می‌شود. در تمام مدت کارگردان با دوربینش مشغول ثبت لحظه‌هاست.

آوازه‌خوان: داشتی چه‌کار می‌کردی؟

ایران: هیچی، خریت.

آوازه‌خوان: ما رو تو پارک قال گذاشتی که خریت کنی؟

نویسنده هنوز در شوک است و کم‌کم خودش را پیدا می‌کند. مکث کرده و چندی به طناب دار خیره شده و زیر لب با خودش زمزمه می‌کند.

نویسنده: شوخی، شوخی چیزی نمانده بود که جدی بشه.

نگاه نویسنده از طناب دار سفر کرده و روی ایران افتاده و چند لحظه چشمان آنها در هم قفل می‌شود. نویسنده متوجه حالت دگرگونه‌ی ایران شده و بلافاصله نگاهش را از روی ایران می‌دزد. بدون اینکه بداند عصبی شده و فریاد اعتراضش بلند می‌شود.

نویسنده: آخه چرا شما منو ول نمی‌کنید... من زندگی خودم و بهتر می‌دونم چرا منو راحت نمی‌زارید...

هـری... هـری... برید دنبال کارتـون... بگذارید کار خـودم و بکنـم.

آوازه‌خوان: منظورت از کار خودت خودکشی است؟

نویســنده: بلـه، بلـه، بلـه... خودکشـی است، اصلا بـه شـما چـه ربطـی دارد کـه مـن خودکشـی کنـم یـا نکنـم؟

عنـان اختیـار از کـف ایـران بـر آمـده و جـدی و آمرانـه بـه نویسـنده می‌پرد. از اینجـا بـه بعـد ایـران کم‌کـم حالـت عـادی خـودش را از دسـت داده و صدایـش کم‌کـم عصبی‌تـر و بلندتـر می‌شـود.

ایران: اما تو جرأت خودکشی کردن را نداری.

نـگاه نویسـنده بی‌اختیـار برگشـته و چنـد لحظـه بـه ایـران می‌افتـد و دوبـاره حالـت پریشـان ایـران را کـه می‌بینـد نگاهـش را از روی او مـی‌دزد و فریـادش بلنـد می‌شـود.

نویســنده: مـن نمی‌فهمـم چـرا همـه می‌گوینـد تـو جرأتـش رو نـداری؟ پـس ایـن طنـاب دار را بـرای چـی علـم کـردم؟

ایــران: بـرای گـول زدن خـودت... بـرای اینکـه دلـت تنـگ صحنـه را گرفتـه بـرای ...اینکـه جـرأت و شـهامت

ابـراز احساسـات را نـداری و تـوی خـودت زندونیـش کـردی بـرای اینکـه اگـر داشـتی برگشـته بـودی ایـران کـه دلـت بـراش یـک قطـره شـده... امـا می‌ترسـی همـان آخوندهایـی کـه تـو و امثـال تـو آوردندشـان رو کار، بگیرنـت و بعـد هـم زندانـی بشـی و اقـرار اجبـاری زیـر شـکنجه و اعـدام... حـالا هـم همـه شـما کـه ایـن جنایـت و کردیـد، داریـد تـو اروپـا، آمریـکا، کانـادا و اسـترالیا عشـق می‌کنیـد و هنـوز هـم اظهـار فضـل می‌کنیـد و نظریـه می‌دیـد و گـور پـدر مـردم بیچـاره و گرسـنه کـه بـا زنـدان و بدبختـی و گرسـنگی دارنـد زجـر روشـنفکری شـماها رو می‌کشـند... آره تـو جـرأت خودکشـی نـداری... می‌گـی داری... بیـا.

به‌طرف طناب دار رفته و حلقه طناب را تو دستش می‌گیرد.

ایـران: بیـا ایـن طنـاب دار، حاضـر بـرای خودکشـی و اظهـار ندامت کـردن... مـا هـم تماشـا می‌کنیـم و بعـد هـم بـرات قصه‌هـای افسـانه‌ای می‌نویسـیم کـه چقـدر شـجاع بـودی... یـا اینکـه ایـن بچه‌بازی‌هـا را بـزار کنـار.

نویسـنده سـاکت و گیـج و گنـگ و در شـوک بـه زمیـن خیـر شـده و انـگار جوابـی بـرای ایـران نـدارد. چـرا کـه هیچوقـت ایـران را این‌چنیـن پریشـان و عصبـی ندیـده بـود

که به او حمله‌ور شده یا از او ایراد گرفته باشد.

آوازه‌خوان: نگفتم با زن‌ها طرف شدن آخر و عاقبتش یعنی شکست و پشیمانی است.

بعد از چندی سکوت، نویسنده به‌یکبار عصبی شده و فریادش بلند می‌شود.

نویسنده: من نمی‌فهمم کی شما را اینجا دعوت کرده... برید دنبال کار تون برید هری، بگذارید من به کارم برسم... منو تنها بزارید... از همه و همه چیز خسته ...شدم... هری برید... هری، هری... برید بیرون.

آوازه‌خوان: استاد عصبانی نشو... داد می‌زنی مردمی که بیرون توی پارک و خصوصاً همسایه‌هات که بیرون سر استخر نشسته‌اند، صدات و می‌شنوند و آن‌وقت خیال می‌کنند استاد بزرگ دیوانه شده.

نویسنده: استاد...؟ همیشه از این الفاظ دروغین که باعث عقب ...افتادگی جامعه ما شده حالم بهم می‌خورد... استاد... حضرت... آیت‌الله و عظما شاهنشاه همایونی... دکتر... مهندس... خانم دکتر و که ولش کن هری... از خود...

شوهر دکترش پربادتره... آن‌قدر پر باده که بادش طوفان به پا می‌کنه و می‌بردت هروقتم حرف می‌زنی حرف آداب و رسوم و پیش می‌کشند... که این آداب و رسوم‌مونه... کدام آداب و رسوم؟ آداب و رسوم عرب... اگر خیلی به آداب و رسوم اهمیت می‌دید چرا آداب و رسوم باستانی خودتون و که مقام زن و مقدس می‌دونه و و اسم زن همیشه قبل از مرد میاد و بهش اهمیت نمی‌دید... هری... چرا آداب رسوم خودمون که مروج مهربانی شادی و دوستی و محبت، بخشش و برابری است و دنبال نمی‌کنید و جسبیده‌اید به آداب و رسوم غریبه‌ها که مروج غم و قصه خشم و نامهربانی است و زن را اصلا جزو آدم حساب نمی‌کنه... هری... مردم...؟ کدام مردم...؟

نویسنده به‌طرف سمت چپ صحنه رفته و از پنجره بیرون و به‌طرف استخر نگاه می‌کند. قسمت چپ سالن که تماشاچی‌ها نشسته‌اند باید حیاط و استخر آپارتمان فرض شود و وسط و سمت راست پارک و جلوی آپارتمان نویسنده.

نویسنده: این مردم...؟ اینها اگر عقل داشتند و مثل من و تو خل نبودند که نمی‌آمدند اینجا کنار

استخر دراز بکشند و بنشینند و گوش‌شون و تیز کنند و به چرت‌وپرت‌های من و تو گوش کنند. اینها رو می‌گی؟ نگاهشون کن دست کمی از آن آدم‌های که ریختند تو خیابون‌ها و یکباره عکس امام و توی ماه دیدند ندارند. بله، خود من یکی از آن آدم‌های احمق فریب‌خورده بودم... که با خواندن چندتا کتاب، دو آتشه شده بودم و خودم و عقل‌کل می‌دونستم و پز می‌دادم که من روشنفکر هستم آخه یکی نبود بگه آخه ای الاغ شعورت کجا رفته بود؟

آوازه‌خوان: آخه ای الاغ شعورت کجا رفته بود؟

نویسنده به‌طرف آوازه‌خوان برگشته و به او خیره می‌شود.

ایران: خوب الاغ و شعور و ول کن... شاید آن‌وقت نفهمیدی... خیال می‌کنی حالا می‌فهمی؟

نویسنده که از سخن آوازه‌خوان و ایران گرفته شده کمی به آنها نگاه می‌کند ایران را بسیار جدی و پریشان می‌بیند. و انگار ایران در حضور آنها نبود و در فکر و خیال و پریشانی گم شده است. حالتی که تاکنون از او

ندیده بود و با آن آشنایی نداشت. حالت ایران نویسنده را نگران‌تر می‌کند. نشسته و به بیرون خیره شده و تو فکر و خیال گم می‌شود.

نویسنده: شاید فهمیده باشم... ولی حالا دیگه دیر شده. آره دیگه برای فهمیدن دیر شده... ایرانم، دینم، سرزمینم، عمرم، آرزوهام همه مردند. همه و همه شدند خوراک یک مشت آخوند مزدور دین‌فروش و کلاهبردار و جاسوس‌های انگلیس و آمریکا و روس‌ها...ای خاک بر سر من نفهم.

صدای دختربچه دوباره بلند می‌شود. ولی این‌بار بسیار جدی و عصبی است نویسنده با شنیدن صدای دختربچه دوباره عصبی می‌شود. با عصبانیت بلند شده و در حالی که در جستجوی صاحب صدا اطراف را جستجو می‌کند، شمشیر کهنه‌ی چوبی را که روی دیوار بالای آینه نصب شده است را برداشته و شمشیر بدست اطراف را در جستجوی دختربچه می‌گردد. صدای دختربچه بلندتر و عصبی‌تر شده و بغضش می‌گیرد و از این بعد به فریاد تبدیل می‌شود. ایران انگار حالا صدای دختر نامریی را می‌شنود و تحت تأثیر آن قرار می‌گیرد و انگار هر آنچه که برای دختر اتفاق افتاده را تجربه

و حس می‌کند و برای او اتفاق افتاده و در حال افتادن است. بغضی گران گلویش را گرفته است و می‌خواهد فریاد بکشد، لب‌هایش تکان می‌خورند اما صدای از او شنیده نمی‌شود. از درد دور خودش می‌پیچید و کم‌کم عصبی‌تر می‌شود و در آخر حالت جنون بخود می‌گیرد. آوازه‌خوان کنجکاوانه همه چیز را زیر نظر دارد. کارگردان خیلی خونسرد با دوربینش مشغول ثبت لحظه‌هاست.

صدای دختربچه: خوب تنها به کرسی قضاوت نشستی؟
فکر می‌کنی با این بازی‌ها بتونی خودت و گول بزنی و از زیر بار مسئولیتش در بری...؟

نویسنده: باز این دختربچه پیداش شد... وقت هم نمی‌شناسه... ولم کن. بگذار به درد خودم بسوزم و بمیرم.

دختربچه فریادش بلند می‌شود و بدنبالش فریاد نویسنده، که در اوج خشم و عصبانیت دور خودش و اطراف صحنه می‌چرخد و شمشیرش را روی هوا می‌چرخاند و بدنبال پیدا کردن و کشتن دختربچه است. حالا گفتگوی آنها با فریاد و خشم ادامه پیدا می‌کند.

صدای دختربچه: من دختربچه نیستم من یک زنم.

نویسنده: چرا دست از سر من برنمی‌داری و بری دنبال کارت... ازت خسته شدم... اصلا اگر من نخواهم با تو حرف بزنم چه کار باید بکنم... منو خل و دیونه کردی... دیگه از دستت خسته شده‌ام... به‌تنگ آمده‌ام... مگر پیدات نکنم... اگر پیدات کنم گوشه بزرگت دندونته.

صدای دخترک: باز با آن شمشیرت می‌خواهی مثل آن روز به سر و صورت و تنم ضربه بزنی و خونین و مالینم کنی...؟

نویسنده: تو خودت رو نشون بده من بهت نشون می‌دم چه‌کارت می‌کنم دیگه چی از جونم می‌خواهی؟ آبرو و حیثیتم و که تو در همسایه و دوست فامیل بردی.

در اینجا عنان صبر و اختیار ایران از کف می‌رود و بغضش می‌ترکد و صدای فریاد ایران بلند شده و جای صدای دخترک را می‌گیرد. با بلند شدن صدای فریاد ایران، نویسنده چنان عصبی شده و خون جلوی چشمش را گرفته که ایران را دخترک و دشمن خود می‌بیند و در این خیال که بالاخره صاحب صدا و دخترک را دیده، وحشیانه به او

حمله‌ور شده و با شمشیر چوبی و مشت و لگد به‌جان ایران می‌افتد. حالا صحنه‌ی کتک زدن پدر ایران به او تکرار می‌شود. آوازه‌خوان هاج و واج تماشاگر می‌شود و انگار نقش مادر ایران را که در حال کتک زدن دخترش اتفاق افتاده بود را بازی می‌کند. گاهی هم قصد دارد نویسنده را متوقف کند اما دو دل است و نمی‌تواند. با بلند شدن فریاد ایران، نویسنده هم فریادش بلند شده و صدا و عصبانیت آنها بلندتر و بدتر می‌شود.

ایران: آبرو حیثیتت از شادی و سلامتی دختر و نوه‌ت مهم‌تر بود...؟ حتما که بود... وگرنه مثل یک جلاد به جون دخترت نمی‌افتادی و با مشت و لگد و کمربندت بدن تنها دختر معصومت و سیاه و کبود نمی‌کردی؟ خجالت هم نمی‌کشی...؟ من تنها دخترت بودم... دختری که از بچگی زیر سقف خانه‌ی تو بهش تجاوز می‌شد.

نویسنده: گفتم خفه‌شو... برو از جلوی چشمم گم‌شو، بی‌آبروی بی‌همه‌چیز دروغگو... باید همان موقع می‌کشتمت... آره بخدا باید توی مایه ننگ و می کشتم.

ایــران: بــه همــان خدایــی کــه به‌خاطــر رضایــت و معاملــه باهــاش در مکــه بــه دیدنــش رفتــی و حاجــی شــدی بگــو کــه بــا دختــرت چــه‌کار کــردی... بهــش بگــو چطــوری بدنــش بــا چــوب و لگــد و مشــت و چــوب ســیاه و کبــود کــردی... از همــان خــدات بپــرس کــه چــرا جــواب این‌همــه نمــاز و دعــا و نــذر و نیــاز مــادرم و نــداد... آخــه موهــای او را حتــی مــن دختــرش هــم به‌ســختی می‌دیــدم... حتــی دســتش را هــم به‌ســختی مــا می‌دیدیــم تــا برســد بــه غریبه‌هــا... بهــش بگــو زیــر همــان ســقفی کــه اون شــب و روز دعــا و ثنــا ســر مــی‌داد کنــار گوشــش پســر گلــش بــه خواهــر کوچکتــرش هــر روز و شــب تجــاوز می‌کــرد... بهــش بگــو کــه صــدای گریه‌هــا و التمــاس دختــرش و حتــی خــدا هــم نمی‌شــنید چــه برســد بــه شــما بنده‌هــای بــا حجــاب و بــه اصطــلاح مؤمنــش.

نویسنده: گفتم خفه‌شو... دروغگوی کلاهبردار.

ایــران: کــی دروغگــو و کلاهبــرداره...؟ تــو آینــه بــه خــودت نــگاه کــن و بــه خــدای خــودت، اونــی کــه رفتــی مکــه زیارتــش و حاجــی شــدی... اون و می‌گــم...

آره خدایی که این همه به درگاهش به دروغ دعا و التماس می‌کردید، آن و می‌گم... آره بهش بگو آن‌قدر سرت گرم دزدی از مردم و اموال مردمی که در بنگاه مضتضعفان زیر اسم دین و اسلام به‌ناحق و زور گرفته و غصب کرده بودید و قرار بود خرج بهبود وضع و حال مردم فقیر و مضتضعف بکنید با دوستانت زد و بند می‌کردید و می‌کردی به اسم آنها و بعد هم می‌فروختیدش و پولش و بین هم تقسیم می‌کردید و اسمش را گذشته بودید، برای خدا و عدالت اسلامی کار می‌کنید... بهش بگو آن‌قدر سرگرم دزدی و خوشی بودی که یاد دخترت رفته بود و نمی‌دانستی که هر شب و روز پسری که چپ و راست زمین دزدی به اسمش می‌کردی داشت به خواهرش، دختر تو تجاوز می‌کرد... بگو که بعدشم فروختی و آوردی تو استرالیا و پزش و می‌دی... و گور پدر آن مردم بیچاره و بدبخت... گور پدر دختر بدبخت که آن‌قدر سرگرم دزدی بودی که نمی‌دانستی داشت چه زجری می‌کشید... حالا کی دروغگو و دزد و

کلاهبرداره... بهش بگو آن‌قدر سرگرم دزدی و کلاهبرداری بودی که نمی‌دونستی دخترت داشت نابود می‌شد... بهش بگو در خفا زن دوم گرفته بودی و عشق و حال کردن با او مهم‌تر از سلامتی دخترت بود...؟

نویسنده: دروغگو... کلاهبردار... باید می‌کشتمت... گفتم خفه‌شو بی‌ناموس بی‌آبرو.

ایران: بهش بگو آن‌قدر سرت تو دزدی و کلاهبرداری گرم بود که نمی‌دانستی که دخترت که مثل گل بود زیر دست پسرت مثل خار شد... بهش بگو هر وقتی هم که فکر می‌کرد که صداش و در بیاره و بگه داره می‌میره... فوری پسرت ...تهدیدش می‌کرد که اگر حرف بزنی عمو قدرتت سرت و گوش تا گوش می‌بره آره همان برادر خر مذهب تو می‌گم که برای رضایت خدا و امامش تو ماه محرم قمه می‌زد و برای خشنود کردن خدا و معامله با او علم پانصد کیلویی را رو شانه‌هاش حمل می‌کرد.

فریادشان حالا به اوج رسیده و حالت جنون به خود گرفته است. نویسنده در اوج عصبانیت و جنون هنوز به

دنبـال ایـران اسـت کـه او را بـا شمشـیر چوبـی بکشـد امـا تـوان بدنـی‌اش بسـیار کـم شـده. ایـران گریـان و عصیـان‌زده دنبالـه‌ی گفتگـو را بـا نویسـنده ادامـه می‌دهـد. آوازه‌خـوان گیـج و گنـگ تماشـا می‌کنـد. کارگـردان هنـوز مشـغول فیلـم گرفتـن اسـت.

نویسنده: قتلت واجبه... لامذهب... می‌کشمت.

ایـران: دیگـه بـرای کشـتن مـن دیـر شـده... تـو دختـرت و سـال‌ها پیـش کشـتی ...ببیـن.

ایـران پایـش را بـالا می‌زنـد و لکـه سـیاهی را نشـان می‌دهـد و در اوج عصبانیـت ادامـه می‌دهـد.

ایـران: ایـن نشـانه‌ی محبـت تـو بـه دختـرت بـود، نشـانه‌ی ضربـات چـوب و لگـد و مشـت‌های توسـت کـه وقتـی بالاخـره درد و رنـج و احسـاس شـرم و گنـاه، عصیـان زده‌ام کـرد و خـودم و خالـی کـردم و بـه تـو کـه پـدرم بـودی بـه مـادرم کـه فکـر می‌کـردم همیشـه حامـی تنهـا دختـرش بـود، گفتـم کـه بـر تنهـا دخترتـون چـه گذشـته و چـرا نمی‌توانـم یـک زندگـی بـا آرامشـی داشـته باشـم... دختـری کـه می‌خواسـت مهـر و محبـت پـدر و مـادرش بهـش

کمک کنند و بهش بگویند اون هیچ تقصیری نداشته... اما انگار آبرو برای شماها مهم‌تر از درد و رنج دختر و نوه‌تون بود و کتکش زدی و می‌خواستی ...بکشیش و زدی از خونه‌ت بیرونش کردی... همه به حمایت از پسرتون کمر بستید (با بغض فریاد می‌زند) چون اون پسر بود... بعدش هم همه‌تون تهدیدش کردید که او را به دادگاه می‌کشید... چرا که دخترتون دروغ می‌گوید و قصد اخاذی دارد اصلا به این فکر کردید که حتی اگر دخترتون دروغ هم می‌گفت حتما دلیلی داشت... شاید مریض بود و به کمک شما نیاز داشت... من فقط می‌خواستم شما قبول کنید که من یک زنم (فریاد می‌زند) آره من یک زنم.

ایران که حالا حالت جنون گرفته و اشک می‌ریزد، کنار نقشه‌ی ایران می‌ایستد و صدایش قطع می‌شود. به‌دنبالش نویسنده توانش را از دست داده و هق‌هق‌کنان کناری روی زمین می‌افتد و توانش را از دست می‌دهد. همه صداها برای چند لحظه می‌میرند و بالاخره بعد از چندی کارگردان سکوت را می‌شکند.

کارگردان: نه خیر ساختن فیلم ایرباس و باید فراموش کرد

شروع آهنگ و آواز «ای خطه‌ی ایران» که تا پرده‌ی بعد ادامه دارد

پایان پرده‌ی دوم

پرده سوم

با بلند شدن صدای آهنگ و آواز «ای خطه‌ی ایران» نور روی نویسنده زنده و کامل می‌شود. نویسنده کناری نشسته است و پتویی روی شانه‌هایش افتاده. حالش خوش نیست. بسیار افسرده، مضطرب و ناتوان و مریض حال است. به‌سختی حرکت می‌کند به اطراف خیره می‌شود. به عکس‌های جوانی‌اش روی دیوارها. به نقشه‌ی ایران اشک از گوشه‌ی چشم‌هایش جاری شده هق‌هق بغضش شنیده می‌شود. زیر لب شعری از خودش را زمزمه می‌کند

نویسنده: گدای سفره عشقم پیر صبرم ده
ندای جان خرابم پیر حالم ده
به دل مست و به جان خرابم پیر عشقم ده
دهم هرآنچه دارم به دو جهان پیر جانم ده

نویسنده: حق‌ته دیوونه... آره حق‌ته که این‌جوری تنها و

بی‌کـس و کار باشـی آره حق‌تـه... آخـه یکـی نبـود بگـه الاغ اگـر فقـط یـک خـرده، فقـط یـک خـرده بی‌ادعـا می‌شـدی و فقـط یـک خـرده بـه فکـر خـودت نبـودی و ادعـای خدایـی نمی‌کـردی و اینکـه هرچـی تـو فکـر می‌کـردی درسـته... حـالا این‌جـوری تنهـا و بی‌کـس نبـودی کـه حتـی دیوارهـا هـم محلـت نگذارنـد... و فقـط نـگات کننـد... آره همـه چیـز بایـد آن‌طـوری بـود کـه تـو می‌خواسـتی آخـه تـو عقـل‌کل بـودی... هـری... حـالا بخـور... آخـه اگـر یـک درجـه فقـط یـک درجـه هـم تخفیـف مـی‌دادی و هـم راحتـی خـودت و می‌خواسـتی و هـم راحتـی طـرف و فقـط یـک کمـی از خدایـی تخفیـف مـی‌دادی، حـالا یـک نفـر کنـارت بـود کـه همـدمت باشـه... کـه دیگـه بـا ایـن دیوارهـا سـر بـه سـر نـذاری و محلت هـم نگذارنـد... آره ...اگـر غـر هـم مـی‌زد چـی می‌شـد... خـوب گوشـت کـر می‌شـد... د نمی‌شـد... دیونـه خـوب گوشـت و می‌بسـتی الاغ ... آره حـالا اینجـا کنـارت بـود کـه دو کلمـه باهـات حـرف بزنـه... حتـی اگـر کـور هـم بود... خـوب باشـه... اگـر کـر هـم بـود... خـوب باشـه.

نویسنده می‌ره تو فکر. آه عمیقی می‌کشد.

نویسنده: نه کر که فایده نداشت... می‌شد مثل این دیوارها

خودش و کمی جمع و جور می‌کند و اتفاقی نگاهش می‌افتد روی عکس بزرگی از خودش و ایران که در یک نمایشنامه با هم بازی کرده بودند و روی دیوار نصب شده است. انگار قدرت برداشتن نگاهش از روی عکس را ندارد. غرق فکر و خیال است.

نویسنده: آره سر پیری عشق سر دلت زده بود... عاشق شدی و لال... از همان نگاه اول دلت و لرزوند... خودت و باختی... پاگیرش شدی... اما جرأت و شهامت باز کردن دلت و نداشتی... آخه اون به تو اعتماد کرده و راز دلش و پیشت خالی کرده بود... دردش آن‌قدر گران بود که می‌ترسیدی چیزی بگی... می‌ترسیدی دردش گران‌تر بشه... آخه اون همیشه تو رو استاد صدا می‌کرد... آخه تو که فقط بیست و چند سالی بیشتر ازش بزرگ‌تر نبودی... آخه مگه این دل لامذهب وقتی گیر می‌افته سن سرش می‌شه... حالا اگر یک جرعه شهامت هم داشتی خوب بهش می‌گفتی که دوستش داری... بهش می‌گفتی خاطرخواه‌شی... نداشتی دیگه... فوقش هم بهت می‌گفت نه و می‌رفت سراغ کارش... و راحت می‌شدی و تکلیف تو می‌دونستی...

نداشتی دیگه... هری... هری... حالا هم که دیگه دیر شده و آخر خطته با خودت ببرش تو گورت... خدا را چه دیدی... شاید آنجا دوتایی باز جوان بشید و دلاتون بهم برسه و گره بخوره... آره... می‌برمش تو گورم.

بالاخره نگاهش از روی عکس سفر می‌کند و در حالی که سعی در بلند شدن دارد .شعری از خودش را زمزمه می‌کند.

نویسنده: چه خوبه همه با هم یکی بشیم
دست به دست داده با هم رفیق بشیم
دم دیروز نزنیم و غم فردا نخوریم
به خرافات من و تو همگی پشت کنیم
توی این شهر شلوغ همگی کور و کریم
توی این دنیای بور مانده و دربه‌دریم
بیا تا کاری کنیم
تفنگ‌ها را رها کنیم
دوستی و محبت و
جانشین جنگ کنیم

دوباره اتفاقی نگاهش به عکس‌های خودش روی دیوار می‌افتد و چندی به آنها خیره شده و شعری از عمر خیام را زمزمه می‌کند.

نویسنده: این چرخ فلک که ما در او حیرانیم
فانوس خیال از او مثالی دانیم
خورشید چراغ دان و عالم فانوس
ما چون صوریم کاندر او حیرانیم

نویسنده: شاید هم بهتر بود تو هم مثل خیلی‌ها با خدا معامله می‌کردی... هی خم و راست می‌شدی و التماس می‌کردی... و دعا و ثنا می‌خواندی... که شاید خدا یه‌خرده بهت عقل می‌داد... حالا هم که دیگه برای التماس و معامله با خدا دیر شده.

صدای خدا: تاکنون به‌فکرت خورده که اگر خدا به دعا و ثنا و گریه و زاری و نذر و نیاز بنده‌هایش نیاز داشت، دیگه خدا نمی‌تونست باشه؟ خدا به دعای تو و بنده‌هایش نیازی ندارد. خدا بی‌نیاز است.

با بلند شدن صدای خدا، نویسنده جا خورد و در تعجب می‌شود. گیج و گنگ با صدای خدا می‌تواند زن یا مرد یا دختر یا پسر نوجوانی باشد. به‌زحمت کمی نیم‌خیز شده و اطراف را برای دیدن خدا جستجو می‌کند.

نویسنده: کی هستی؟ کجایی...؟ صدات از کجا در میاد...؟

کمی انتظار می‌کشد و جوابی نمی‌آید. چندتا ضربه به جلوی

پیشانی‌اش می‌زند و با سرش مشغول گفتگو می‌شود.

نویسنده: آقا پسر... کودک درون... تا حالا ما تو و دیگران و سرکار گذاشته بودیم... حالا تو ما را سر کار گذاشتی؟ بابا دستت و خوندم... کوتاه بیا... نمایشنامه تمام شده... نوشته شده.

باز جوابی نمی‌گیرد. کنجکاو و نگران در هوا به جستجوی خدا ادامه می‌دهد.

نویسنده: اگر واقعاً خدا هستی خوب خوش آمدی... پس خودت و نشان بده.

کمی منتظر می‌شود اما جوابی نمی‌گیرد.

نویسنده: نکنه... نکنه واقعاً خدا باشه و شوخی نمی‌کنه؟! اگر واقعاً خدایی پس چرا آن‌قدر دیر خودت و نشان دادی؟ حالا که آخر خط هستم آمدی؟ آمدی پیشواز مرگم؟

صدای خدا: به‌خاطر اینکه تو قبلاً صدام نکرده بودی؟

نویسنده: صدات نکرده بودم؟ هزاران بار صدات کردم... التماس کردم.

صـــدای خـــدا: التمـاس از روی طمـع و نیـاز مـادی...! خـدا بـه صدای طمـع و نیـاز مـادی جـواب نمی‌دهـد... امـا این‌بـار درخواسـت و نیـازت از روی فروتنـی و معنـوی بـود.

نویســنده: پـس تمـام عمـر خـودم و گـول مـی‌زدم...؟ پـس این‌همـه کـه دعـا خوانـدم و نمـاز گـزاردم، سـینه زدم، گریـه و زاری کـردم کـه بهـم نعمـت و عـزت بـدی و بـرم بهشـت و تـو آتـش جهنـم نسـوزم چـی...؟

صـــدای خـــدا: جهنـم سـاخته‌ی ذهـن شـما انسان‌هاسـت... انگیـزه‌ای بـرای کلاهبـرداری خدافروشـان... خـدا بهشـت و مهربانـی، محبـت و بـه بنده‌هایـش عطـا می‌کنـد. خـدا جهنـم نـدارد.

نویســنده: پـس ایـن ادیـان کـه همـه را از آتـش جهنم می‌ترسـونند و می‌گوینـد اگـر بـه دیـن مـا برنگردیـد و قبـول نکنیـد خـدا شـما را تـو آتـش داغ جهنمـش می‌سـوزنه چـی؟

صـــدای خـــدا: اصـلا خـودت بـه حرفـی کـه زدی فکـر کـردی؟ مگـر نـه کـه همـه‌ی همیـن ادیـان هـم می‌گوینـد خـدا بخشـنده و مهربـان اسـت و همـه‌ی انسـان‌ها فرزنـدان خـدا هسـتند... پـس اگـر یکـی از ایـن ادیـان درسـت بگوینـد بقیـه بایـد دروغ گفتـه باشـند

و همه آنهایی که به آن ادیان گرویده‌اند جهنمی خواهند بود. بنابراین خدا باید بیشتر از هشتاد در صد فرزندانش را در آتش داغ جهنم بسوزاند... پس این چه خدای بخشنده و مهربانی است که بیشتر از هشتاد درصد از فرزندانش را در آتش داغ جهنم می‌سوزاند؟ من که چنین خدایی را قبول ندارم.

نویسنده: پس جهنم دروغه؟

صدای خدا: گفتم که، جهنم و بهشت ساخته‌ی ذهن خود انسان‌هاست و به خدا هیچ ربطی ندارد. خدا پیک شادی و محبت و دوستی و صفا و بخشش و مهربانی و فروتنی است... جهنم در درس خدا نیست... جهنم ساخته‌ی ذهن انسان‌های خرده و گناهکار و کلاهبرداران دینی است، به‌خاطر کنترل ذهن و مرام آنها، آنها برای منفعت مادی خودشان... برای صحبت کردن با خدا هیچ‌کس نیازی به نماینده و میانجی ندارد... همه می‌توانند مستقیم با خدا صحبت کنند... مگر درسی را که مادرت در چهار سالگی به تو داد بود را فراموش کردی؟

نویسنده غرق فکر می‌شود و بعد از چند لحظه ذوق زده شده و با خودش زمزمه می‌کند.

نویسنده: نه خیر مثل اینکه راستی راستی خداست... وگرنه از کجا می‌دونست مادرم به من چه درسی را در سن چهارسالگی داده بود...؟

صدای خدا: در سن سه سال و ۱۱ ماه و چهار روز.

نویسنده درست مثل نوجوانی‌هایش ذوق زده شده و با زحمت بلند شده و در هوا و اطراف در جستجو و گفتگو با خدا است.

نویسنده: راستی راستی که تو خدا هستی.

صدای خدا: برای تو چه فرقی می‌کند که من خدا هستم یا نه... مهم اینه که تو درسی را که مادرت در سن چهارسالگی بهت داد را یادت هست یا نه؟

نویسنده: هنوز مثل یک نقش و نگار تو ذهنم ثبت شده... آره... یک آخوندی هفته‌ای یکبار می‌آمد تو خانه‌ی ما روضه می‌خواند... خودش هم تنها تو اتاق بزرگه که چهارصد نفر توش جا می‌گرفت می‌نشست... و روضه‌اش را می‌خواند

و پولش و که توی یک بشقاب توی تاقچه بود را بر می‌داشت و می‌رفت. من هم که یک بچه لوس و نُنُری بودم که بیا و ببین... خدایی می‌کردم... مثل شاه شاهان همه‌جا قدم می‌زدم و هیچ جنبنده‌ای هم جرأت نگاه چپ کردن به من و نداشت... شکمم و که نگو... آن‌قدر خورده بودم که از طول قدم هم بیشتر جلو آمده بود... آره آن روز این آقا آخونده می‌خواست خود شیرینی کنه و به من درس مذهبی بده... در مورد خدا و بهشت و جهنم چیزی گفت که من هیچی نفهمیدم. من یادم نمیاد چی گفت... مادرم که در همان حال وارد شده بود که کمی هم سور و سات به آقا آخونده بده... شنید و یکباره عصبانی شد و زد آقا آخوند و بیرون کرد و بهش گفت دیگه اینجا پیداش نشه... و دیگه حق ندارد با من حرف بزنه... بهش گفت من فقط می‌خواستم به خانوادت کمک کنم... بهش گفت خرجشون و مستقیم می‌فرستم در خونت... مادرم بعد از اینکه آقا آخونده رو زد و از خانه بیرون کرد، دست من رو گرفت و برد جلوی آینه... ازم پرسید تو کی رو تو آینه می‌بینی...؟ من هم که از لوس و

ننری به آسمان هزارم رسیده بودم... باد به غبغبم انداختم و گفتم خودمو... مادرم گفت اونی که تو آینه می‌بینی خداست... من که حالا بادم چند برابر هم شده بود و داشتم از پر بادی می‌ترکیدم، گفتم پس من خدام؟ مادرم گفت فقط اگر هرروز که توی این آینه نگاه کردی و به کسی که توی این آینه می‌بینی تونستی به درستی و راستی بگویی امروز به یک محتاج کمک و مهربانی کردی و خصوصاً هیچ‌کسی را از خودت نرنجاندی و حق کسی را نخورده و پامال نکردی، دروغ نگفتی، با زنان، بچه‌ها و حیوانات مهربان بودی و هر چه مقام و منذلتت بیشتر شد فروتنی‌ت هم بیشتر و بیشتر شد... آن روز تو میری بهشت، البته مهربانی و محبت و کمک به کسانی که تو به آنها احتیاج و نیازی نداری قابل قبول است و نه کمک به کسانی که به آنها نیاز داری... کمک کردن و مهربانی کردن به آنهایی که به آنها نیاز داری از روی نیاز توست نه از روی مهربانی قلبت... آن روز اونی را که تو آینه می‌بینی خداست و تو داری با خدا حرف می‌زنی... اگر ...اینکارها را بکنی آن‌وقت می‌ری بهشت... من هیچ‌وقت آن لحظه را

فرامـوش نکـردم، مـن هـم از آن بـه بعـد یواشـکی از صنـدوق خانـه‌ی مـادرم هـر چـی می‌تونسـتم یواشـکی کـش می‌رفتـم و می‌بـردم و مـی‌دادم بـه مـردم... بعدشـم می‌رفتـم تـو آینـه بـه خـودم نـگاه می‌کـردم و بـاد بـه غبغبـم می‌انداختـم و بـا خـدا کـه تـو آینـه می‌دیـدم صحبـت می‌کـردم... البتـه بعـد از مدتـی مـادرم دزد و گرفـت و در صندوق‌خانـه رو قفـل کـرد... از آن بـه بعـد هـم هـر وقـت تـو آینـه نـگاه می‌کـردم بـا کسـی کـه تـو آینـه می‌دیـدم دعوامـون می‌شـد کـه کـی خـدا اسـت... امـا هنـوز کـه هنـوزه، گفتـار مـادرم مثـل نقـش و نـگار تـوی قلـب و ذهنـم ثبـت شـده... و هـر روز گفتـه مـادرم را اجـرا می‌کنـم

صدای خدا: مطمئنی هر روز؟

نویسنده: ببخشید آخدا... البته نه هر روز... تقریباً هر روز.

صـدای خـدا: پـس اگـر حرف‌هـای مـادرت یـادت بـود تازگی‌هـا چـه کسـانی را از خـودت رنجانـدی؟

نویسـنده بـاز تـو فکـر گـم می‌شـه حـالا گیـج و گنگ‌تـر شـده. دیگـه داره از خـودش بی‌خـود می‌شـه،

بغـض گلویـش را گرفتـه.

نویسنده: استغفرالله. نه خیر مثل اینکه همه چیز رو می‌دونه.

صـدای خـدا: اسـتغفرالله؟! مغلطـه و فریـب‌کاری بـا الفـاظ... یادت میـاد چـه کسـانی را از خـودت رنجاندی؟

نویسنده: بله.

صـدای خـدا: پـس بگـذار مهربانـی، محبـت و فروتنـی جـای غـرور و تکبـرت و بگیـره و بـه آنهـا بگویـی کـه اشـتباه کـردی و دوست‌شـان داری.

نویسنده: من...؟ اقرار به اشتباه...؟ باشه.

نویسـنده در حالـی کـه بغضـش می‌ترکـد و اشـک‌هایش جـاری می‌شـود، دنبـال تلفنـش گشـته و پیـداش می‌کنـد. تلفـن آوازه‌خـوان را می‌گیـرد. در تمـام مدتـی کـه در انتظـار جـواب اسـت هق‌هـق گریـه‌اش ادامـه دارد و در اطـراف خـدا را جسـتجو می‌کنـد. بعـد یکـی دوتـا زنـگ زدن، تلفـن آوازه‌خـوان مـی‌ره روی پیغام‌گیـر. نویسـنده مشـغول صحبـت می‌شـود. صـدای گریـه‌اش بلندتـر می‌شـود.

نویسـنده: می‌بخشـی دوسـت عزیـز... مـن خیلـی آشـفته و ناراحت

بـودم کـه سـر شـما داد و بیـداد کـردم... منظـوری نداشـتم... خـودم نبـودم... تنهایـی... تنهایـی پـدرم و در آورده... بـه ایـران هـم زنـگ می‌زنـم... از او هـم معـذرت می‌خواهـم... عزیـز خیلـی ...احسـاس تنهایـی می‌کنـم... تنهـام... خـدا آمـده بـه دیدنـم... داره باهـام صحبـت می‌کنـه همـه‌ی بدنـم سـرده... کاش بـا ایـران بـه دیدنـم می‌آمدیـد... نگرانـم کـه نکنـه ایـران از مـن عصبانـی شـده باشـد... خیلـی تنهـام... خـدا آمـده و داره باهـام صحبـت می‌کنـه... .بیایـد دیدنـم... دوسـت هیچ‌وقـت از دسـت دوسـتش ناراحـت نمی‌شـه.

در همیـن حـال کـه نویسـنده همچنـان در جسـتجوی خـدا اسـت و حرف‌هـای خـود را پـای تلفـن بـا گریـه ادامـه داده و تکـرار می‌کنـد، آوازه‌خـوان و به‌دنبالـش گارگـردان وارد می‌شـوند امـا نویسـنده آن‌قـدر در خـود گـم شـده کـه ورود آوازه‌خـوان را احسـاس نمی‌کنـد و همـواره نگاهـش تـوی هـوا در جسـتجو و دیـدن خداسـت. کارگـردان طبـق معمـول بـا دوربینـش مشـغول ثبـت لحظه‌هاسـت.

نویسنده: آخدا هستی یا رفتی؟

آوازه‌خوان: آره اینجام فرزندم... چی می‌خواهی؟

در اینجا است که بالاخره نویسنده متوجه می‌شود که آوازه‌خوان به دیدنش آمده.

آوازه‌خوان: دوست هیچ‌وقت از دست دوستش ناراحت نمی‌شه... برای همین هم است که من همیشه ترجیح می‌دهم که زن آینده‌ی من بیشتر دوستم باشد تا عاشقم.

آوازه‌خوان با دیدن وضع و حال آشفته‌ی نویسنده نگران شده و شروع به کمک و مرتب کردن وضع و حال او می‌کند.

آوازه‌خوان: این چه وضعیه که برای خودت درست کردی؟

در این لحظه نور سبزی برای چند لحظه فقط روی نویسنده تابیده و ناپدید می‌شود .با تابیدن نور سبز روی نویسنده، او دوباره حواسش پرت خدا و نور شده و در جستجوی نور و خدا است و انگار صدای آوازه‌خوان را نشنیده است و در یک دنیای دیگری سیر و سیاحت می‌کند. و دوباره چشم‌هایش در اطراف دنبال خدا است. وجود نور سبز را فقط نویسنده دیده و به آن عکس‌العمل نشان می‌دهد و هیچ‌کس دیگر آن را نمی‌بیند و عکس‌العملی به آن نشان نمی‌دهند.

نویسنده: آخدا هنوز اینجا هستی؟ اگر هستی جواب بده؟

صدای خدا: وقت من اینجا تمام شده... تو با خودت تنها هستی.

نویسنده از جواب خدا خرسند نیست. آوازه‌خوان نگران او را زیر نظر دارد.

نویسنده: نه باز سئوال دارم... آخدا منو با خودت ببر.

آوازه‌خوان: حالا ما دیگه آدم نیستیم که بجای ما با خدا صحبت می‌کنی؟ خدا کجا ببرتت؟ مثل اینکه یادت رفته ما منتظریم که نمایشنامه را تمام کنی و با هم. یک نمایشنامه دیگه بازی کنیم.

با شنیدن کلمه‌ی نمایشنامه، حواس نویسنده دوباره به آوازه‌خوان برمی‌گردد و نگاهش چندی روی او ثابت می‌شود. حالا حواس نویسنده بین آوازه‌خوان و جستجوی خدا در سفر رفت و برگشت است. لبخند معنی‌داری روی چهره‌اش زنده شده و زمزمه می‌کند.

نویسنده: نمایشنامه!؟

آوازه‌خوان: بله نمایشنامه... باید یک نمایشنامه دیگه بنویسی

و با هم بازی کنیم. بعد هم اگر خواستی بمیری و بری ... بمیر و برو.

نویسنده: تازگی‌ها ایمیلت و نگاه کردی؟

آوازه‌خوان در حالی که لیوان کنار تنگ را پر از آب کرده و مشغول آب دادن به نویسنده است با او گفتگو و شوخی می‌کند.

آوازه‌خوان: تمامش جانک بودند... فقط می‌خوان بهت یه چیزی بفروشند.

نویسنده کنجکاوانه به آوازه‌خوان خیره شده اما با پدیدار شدن و ناپدید شدن دوباری نور سبز روی او، حواسش دوباره پرت نور سبز که حالا کمی پر نورتر هم شده و تو هوا بسیار آرام و صلح آمیز در جستجوی خدا است. لبخند بر چهره دارد و انگار چشم‌های او با یک نیروی نامرئی در تماس و گفتگو است و در دنیا دیگری سیر می‌کند. حواس و نگاه نویسنده در حالی که بین در جستجوی خدا در هوا و آوازه‌خوان. در سفر رفت و برگشت است، گفتگویش با هر دو را ادامه می‌دهد.

نویسنده: دیشب خواب مادرم و دیدم. لبخند بر لب داشت و

همین‌جور به من نگاه می‌کرد. بعدش هم دست شو باز کرد به‌طرف من که برم تو بغلش. همین طوری که حرکت کردم برم به طرفش از خواب پریدم.

آوازه‌خوان: نگران نباش به این زودی‌ها نمیری پیش مادرت. آره، حالا حالا باید اینجا باشی و زجر این دنیا را بکشی. با مرگ شوخی نکن، یکدفعه عصبانی می‌شه و میاد سراغت تا...

نویسنده: من از مرگ نمی‌ترسم. اگر همین الان هم بخواد بیاد سراغم، بزار بیاد.

نویسنده کم‌کم در فکر رفته و آه عمیقی می‌کشد و نگاهش از روی هوا به‌طرف آوازه‌خوان برمی‌گردد و گم شده در زمان و مکان چندی به او نگاه می‌کند.

نویسنده: دلم خیلی گرفته... اصلا یه کم بخوان.

آوازه‌خوان شروع به خواندن می‌کند و ادای آرتیست‌های فیلم‌های قدیمی فارسی را درمی‌آورد که شاید لبخندی بر لب نویسنده بیاورد و از دردش بکاهد.

بفرما زدی من هم جا زدم

نقاب کلام و بالا زدم

دیدم وای وای، وای

تو گفتی بشین داداش ممدلی

نشوندی منو روی صندلی

دیدم وای، وای، وای

خلاصه نشستم   عرق دادی دستم

من هم هی می‌خوردم

دیگه مست مستم

حالا هرجور می‌خوای

می‌رقصم و آواز می‌خونم

برات هی قر می‌دم

اطوار میام با ناز می‌خونم

سه چهارتا مردیم و دور همین ارباب مونیم

به مرگ او سبیلاتون قسم خیلی جوانی

آوازه‌خوان وقتی متوجه می‌شود که نویسنده به او زُل زده و انگار از آن‌چه او می‌خواند خرسند نیست، آوازش را قطع می‌کند. چشم‌هایشان چندی در هم قفل می‌شوند. انگار دارند در سکوت با هم حرف می‌زنند.

آوازه‌خـــوان: مثـل اینکـه دلکـش هـم مثـل خودمـون بـرات کهنـه شـده... باشـه بیـا ایـن هـم یکـی از شـعرهای خـودت.

دل مستی و مدهوشی دیوانه غزل نوشی

در سوک نگار مه می تا به سحر نوشی

چون صبح سحر آید دل را نه خبر آید

دل در غم مه رویش گرید و بخواب آید

مه را چو خورشید شد دل در غم مه پیر شد

دل فارغ و مه شیدا   دل گمشده مه پیدا

گو مست خراباتی دل را چه رود اینجا

دل غم داری امشب

به دل بار داری امشب

به هر کوه و به هر برزن

دلا جنگ داری امشب

آوازه‌خـــوان متوجـــه اشـــک‌های نویســـنده می‌شـــود کـــه از گوشـــه‌ی چشـــم‌های او جـــاری شـــده اســـت. آوازش را قطـــع کـــرده و رفتـــه و کنـــارش می‌نشـــیند.

آوازه‌خوان: نمی‌خواستم ناراحتت کنم

نویسنده: درد تو هم کمتر از درد من نیست... شاید هم بیشتره... فقط فرق من و تو اینه که تو با خواندن کمی خودت و خالی می‌کنی... گاهی هم خودت رو می‌زنی به خریت... ولی هنرپیشه صحنه می‌خواهد که خودش و خالی کنه.

کارگردان که همواره همه چیز را با دوربینش ثبت می‌کند به حرف می‌آید.

کارگردان: آن‌قدر گله نکن... تو هم تمام سرمایه‌ات چندتا ورق کاغذ و یک قلمه و حالا هم یک کامپیوتر فکسنی است... که من و تو هیچی از آن سر در نمی‌آوریم... اما کارگردان سناریوی خوب و بودجه می‌خواهد که فیلم بسازه.

نویسنده که همواره در اطراف و هوا در جستجو و انتظار ظهور و دیدن خدا است و انگار در عالم دیگری است به گفتگویش با آوازه‌خوان و کارگردان ادامه می‌دهد.

نویسنده: صحنه‌ی من هم شده این چهار دیواری... هنرپیشه‌های مقابلم هم این دیوارها هستند که هرچی با آنها حرف می‌زنم صداشون در نمیاد... انگار دیالوگ‌هاشون و یادشون رفته یا من رو دیگه جزوه هنرپیشه‌ها حساب نمی‌کنند. آخه آدم وقتی

پیر می‌شه انگار دیگه جزو آدم‌ها نیست... اگر هم بهش توجهی هم می‌کنند از روی ترحمه... این درد از همه‌ی دردها بدتره... بدتر از درد زندون شدن تو این کشور پر از نعمته... هی از خودم می‌پرسم می‌شه یک دفعه دیگه ایرانم و ببینم؟

نویسنده به چهار دیواری اطراف خیره می‌شه و برمی‌گرده به‌طرف آوازه‌خوان.

نویسنده: آرزو دارم یکبار دیگه قبل از مرگم برم روی صحنه... بعدش هم اگر مردم مهم نیست.

آوازه‌خوان: تو که نویسنده خیلی خوبی هستی چرا یک نمایشنامه دیگه به‌زبان فارسی خودمان، برای مردم خودمون به زبان مادریت نمی‌نویسی؟ افتادی تو این آمریکایی‌ها و به‌زبان انگلیسی برای آنها می‌نویسی و پاک مردم خودت و فراموش کردی... آقای خر، بالاخره یک روزی می‌فهمی اگر هم صدتا کتاب به زبان انگیسی بنویسی درد دلت و درمون نمی‌کند... دل تو، قلبت، روح تو آن‌طرف آبه... تو ایرونه توی اون دهی است که آخرین نمایشنامه‌ات رو تحت تأثیرش نوشتی... تو بنویس تهیه کردنش با من.

ایران: لازم نیست بنویسه.

آوازه‌خوان و نویسنده برگشته و ایران را می‌بینند که وارد شده و با لبخندی که برچهره دارد نمایشنامه‌ای را که در دست دارد را به آنها نشان می‌دهد.

ایران: تمامش هم کرده. اسمش هم هست «من یک زنم». قصه‌ی زندگی من رو نوشته... البته قصه‌ی زندگی همه ماها را... تمام این مدت هم ما را به بازی گرفته بوده... ما بازیگران نمایشنامه‌اش بودیم... خودش هم در تمام این مدت نقش بابای من و بازی می‌کرده... مسئله دار زدنش هم نمایشی بود، داشت بابای منو اعدام می‌کرد که نزدیک بود جدی بشه و خودش فدا بشه... خاطرخواه من هم شده بوده و تو خودش نگه داشته و باش سوخته و ساخته و دلش و باز نکرده... البته آقای عاشق‌پیشه قصد داشته نمایشنامه را برای تو ایمیل کنه اما اشتباهی فرستاده برای من.

نویسنده که از فاش شدن عشقش به ایران، کمی جا خورده و به عکس‌العمل ایران شک دارد و می‌بیند که حالا تمام نگاه‌ها روی او افتاده، در حالی که نگاهش به اطراف می‌چرخد زیر لب صدایش بلند می‌شود.

نویسنده: این آخرین کار منه... دوستش نداشتی می‌تونی آتیشش بزنی، برای دل تو نوشتم... فکر کردم کمکت کنه که پرونده‌ش رو ببندی و پدر و مادر و برادرت رو ببخشی... این به سلامت و آرامش روح خودت کمک می‌کند.

ایران به‌طرف نویسنده رفته کنار او می‌نشیند.

ایران: خودم قصه‌اش را نوشته بودم... ولی توان و جرأت نشان دادنش و به دیگران رو نداشتم. نگران عکس‌العمل دخترم بودم... تو همیشه دوست و الگوی خوبی برای من بودی... جای پدرم و پر کرده بودی... هیچوقت خاطرات چند نمایشنامه‌ای را که با هم بازی کردیم رو فراموش نمی‌کنم... پس بیا نمایشنامه‌ی آخری را هم با هم بازی کنیم... بلند شو.

ایران دست نویسنده را می‌گیرد و با کمک او نویسنده با زحمت و به آرامی از جایش بلند می‌شود. با بلند شدن آنها صدای آهنگ رقص سما به آرامی شروع می‌شود. نویسنده انگار که خودش را روی صحنه‌ی تأتر می‌بیند مشغول بازی است توان جسمی‌اش بسیار ضعیف است. در تمام طول رقصش با ایران همواره در اطراف در جستجوی خدا و نور سبز است که حالا

پرنورتر شده و دوام هم پیدا کرده و فقط او را دنبال می‌کند. نویسنده آن‌قدر حواسش پرت نور سبز است که انگار نمی‌داند که ایران با او مشغول رقصیدن و بازی آخرین نمایشنامه‌شان است. این ایران است که حرکاتش را با نویسنده هماهنگ می‌کند. بازی آنها به رقص سما تبدیل می‌شود نویسنده تنها کسی است که نور سبز را می‌بیند و به آن عکس‌العمل نشان داده و به نور خیره شده و ذوق زده شده و به یکبار قدرت کلام از او سلب می‌شود اما توان جسمی‌اش دو چندان می‌شود. در حالی که به رقصش با ایران ادامه می‌دهد، تمام وجود و توجه‌اش متمرکز به نور سبزی که کم‌کم پرنورتر و پرنورتر می‌شود و روی نویسنده می‌تابد و با او در رقص است و هیچ چیز دیگری برای نویسنده وجود خارجی ندارد. آوازه‌خوان خوشحال آنها را تماشا می‌کند کارگردان با تلفنش مشغول ثبت لحظه‌هاست. بالاخره نور سبز بسیار زیاد و درخشان شده و نویسنده را کامل می‌پوشاند و نیروئی نامریی تمام وجود نویسنده را در برمی‌گیرد و او را از خود بی‌خود کرده و روی زمین در بغل ایران قرار گرفته و توان کلام و حرکت کاملاً از او سلب می‌شود و نور سبز هم روی او چند لحظه ثابت می‌ماند و بالاخره به یکباره می‌میرد و نور صحنه آبی می‌شود. ایران آوازه‌خوان و کارگردان از وجود و بازی نور از ابتدا و

تا آخر بی‌خیر هستند و هیچ‌گونه عکس‌العملی به آن نشان نمی‌دهند. ایران که روی زمین نشسته و نویسنده را در بغل دارد به خاطرات گذشته سفر کرده و صدایش بلند می‌شود.

ایران: نمی‌دونم گفتنش دیگه فایده‌ای داشته باشه یا نه... اما من هم در ابتدا ...بهت دل بسته بودم. اما نمی‌دونستم چه کنم... آخه تو برام یک اسطوره بودی. رفتارت هم با من خیلی رسمی بود... به‌هرحال آن حرف گذشته است... اما حالا، دلم... حرف دیگه‌ای را می‌زنه.

نگاه ایران به‌طرف آوازه‌خوان برمی‌گردد و نگاه آن دو در هم قفل می‌شود. نگاه عشق.

ایران: دلم می‌گه جای تو را تو دل من یک نفر دیگه گرفته... می‌دونم که با شنیدنش خوشحال می‌شی... اما هیچ‌وقت فکر نمی‌کردم به‌جای صحنه نمایشنامه‌ی «اقرار عشق»، صحنه‌ی مرگ نمایشنامه‌ی «آواز مرگ» را دوباره با هم بازی کنیم درست سی سال پیش بود که با هم همین صحنه را بازی کردیم. تو آن‌قدر ماهرانه بازی کردی که فکر می‌کردم واقعاً مرده بودی... یادت میاد؟

ایـران منتظـر جـواب اسـت، امـا هیـچ عکس‌العملـی از نویسـنده دیـده نمی‌شـود. نـگاه ایـران بـه آوازه‌خـوان می‌افتـد کـه جلـوی آنهـا ایسـتاده و بـه آنهـا زُل زده.

ایران: آقای هنرپیشه بازی تمام شد، بلند شو؟

ایـران منتظـر جـواب اسـت امـا هیـچ صـدا یـا حرکتـی از نویسـنده دیـده نمی‌شـود. بـا بلنـد شـدن صـدای آهنـگ و آواز «ای خطـه‌ی ایـران» ایـران بالاخـره قبـول می‌کنـد کـه نویسـنده این‌بـار بـازی نمی‌کنـد و واقعـاً مـرده اسـت. آوازه‌خـوان بـا کمـک ایـران نویسـنده را روی زمیـن بـه پشـت می‌خواباننـد و دسـت و پاهـای او را جفـت می‌کننـد. در همیـن احـوال ایـران پرچـم ایـران را کـه روی دیـوار اتـاق نویسـنده نصـب شد اسـت پائیـن آورده و بـا کمـک آوازه‌خـوان روی نویسـنده می‌کشـند. کارگـردان همـواره همـه چیـز را بـا دوربینـش ثبـت می‌کنـد. صـدای آهنـگ و آواز «ای خطـه‌ی ایـران» کـم و کمتـر می‌شـود.

کارگردان: نه‌خیر باید ساخت فیلم ایرباس و فراموش کرد.

آهنـگ و آواز «ای خطـه‌ی ایـران» کمـی بعـد از اتمـام نمایشـنامه قطـع می‌شـود.

پایان

کتابهای منتشرشده‌ی عطا ثروتی

من یک لوتوس هستم / من ندا هستم (مجموعه‌ی شعرهای معنوی)

رمان‌ها

در جستجوی بهشت

تار

در جستجوی عشق (داستان هوارد باسکرویل)

تراژدی سه گانه عقد قنات (شامل سه کتاب)

آسیه

گدا لاله

امامزاده

نمایشنامه‌ها

سر پل ته رودخانه

پنجره

جهت تهیه کتاب‌ها:

سایت www.eeiff.com

انتشارات اینگرام

سایت www.amazon.com

کتابفروشی‌های سراسر دنیا

www.ingramcontent.com/pod-product-compliance
Lightning Source LLC
Chambersburg PA
CBHW071020180726
48291CB00004B/1560